수성경영, 지키려면 공격하라

CUP NOODLE WO BUTTSUBUSE!
ⓒ KOKI ANDO 2009
Originally published in Japan in 2009 by CHUOKORON-SHINSHA, INC.
Korean translation rights arranged through TOHAN CORPORATION, TOKYO.,
and BC Agency, SEOUL

수성경영, 지키려면 공격하라

초판 1쇄 발행 | 2010년 10월 26일

지은이 | 안도 고키
옮긴이 | 신정길
펴낸이 | 공혜진
펴낸곳 | 도서출판 서돌
편집 | 조일동 김진희
마케팅 | 임채일
경영지원 | 김복희
디자인 | 남미현

출판등록 | 2004년 2월 19일 제313-2004-239호
주소 | 서울시 마포구 서교동 396-58
전화 | 02-3142-3066
팩스 | 02-3142-0583
메일 | editor@seodole.co.kr
홈페이지 | www.seodole.co.kr

ISBN 978-89-91819-57-3 03320

* 책값은 뒤표지에 있습니다.
* 잘못 만들어진 책은 구입하신 서점에서 교환해드립니다.
* 이 도서의 국립중앙도서관 출판시도서목록(CIP)은 e-CIP 홈페이지(http://www.nl.go.kr/ecip)
  에서 이용하실 수 있습니다. (CIP제어번호 : CIP2010003443)

수성경영,
지키려면
공격하라

안도 고키 지음 | 신정길 옮김

서돌

'타도 컵누들!'에서
'세계의 닛신식품'으로

이전까지는 없었던 일이다. 젊은 시절에는 마음에도 두지 않았던 아버지의 말들이 끊임없이 머릿속을 맴돌고 있다. 나를 나무라던 말들 하나하나가 지금은 내 몸에 자연스럽게 스며들고 있다. 그리고 내가 사원들에게 아버지가 했던 말을 그대로 하고 있음을 발견하곤 스스로 놀라곤 한다. 이런 변화는 내게 무엇을 뜻하는 걸까?

그것은 아버지가 돌아가셨다는 공허감과 아버지를 대신해야 한다는 중압감 때문인지도 모르겠다. 평생을 어느 누구보다 정열적으로 살았던 아버지, 그의 나머지 열정을 지금 내가 대신 불태우고 있는듯했다.

닛신식품의 창업자인 아버지 안도 모모후쿠는 내게 어떤 존재였을까? 아버지가 내게 끊임없이 강조했던 말들의 숨은 뜻은 무엇이었을까? 아버지는 내게 무엇을 전하려 했던 걸까? 4년이라는 시간이 지난 지금에서야 아버지와 나의 관계를 조금이나마 냉정하게 바라볼 수 있게 되었다. 그리고 이런 생각들을 내가 잊기 전에 정리해두고 싶었다. 이를 통해 더 새로운 나와 닛신식품을 만들고 싶었다.

내가 지금까지 변함없이 해온 것은 '컵누들 신드롬'과의 싸움이었다. '컵누들'은 닛신식품의 창업자인 아버지가 개발한 닛신식품 최고의 브랜드이자 일본 사람들이 가장 좋아하는 컵라면이다. 하지만 컵누들에 안주하는 회사를 깨뜨리고, 컵누들을 뛰어넘는 제품을 만드는 것, 그것이 컵누들을 더 확고한 브랜드로 키우는 힘이자 닛신식품이 일본이 자랑하는 식품회사가 된 이유다.

아버지가 돌아가셨을 무렵 나는 닛신식품을 지주회사제로 전환했다. 이후 나는 신제품 개발은 실무진에게 맡기고, 열한 개에 이르는 계열사를 총괄하며 아버지가 세운 회사를 더 알차게 키우는 데 힘쓰고 있다.

닛신식품 사장 시절, 나는 '타도 컵누들!'을 외치며 늘 새로운 제품을 만들어냈다. 당시 내게는 세계 최초라는 수식어가 늘 따라붙는, '라면왕'이자 '치킨라멘'과 '컵누들'이라는 일본의 롱셀러 식품을 개발한 아버지의 업적을 뛰어넘는 제품을 만들고 싶었다. 그 때문에 아버지와의 불화도 수없이 많았지만, 그런 아버지가 뒤를 받쳐주었기에 지금까지 버텨 올 수 있었다.

하지만 지금 나는 아버지 없이 그룹으로 성장한 회사를 이끌고 가야 하는 입장에 서 있다. 더구나 세계시장을 상대로 싸워나가야 하는 책임까지 짊어지고 있다. 그 출발선에 서 있는 지금, 이 글을 쓰면서도 세계시장을 생각하니 온몸에 새로운 긴장감이 솟는다.

지금까지 내가 중점을 두어온 것은, 경영자가 개발에서 영업까지 혼자 결정해오던 원맨 경영 시스템에서 벗어나, 사원들 모두가 주인이 되는 체제로 바꾸는 일이었다. 나는 선대 회장과 창업자가 없는 상황에서 새로운 경영자들이 기존 경영 체제를 개혁하지 못해 무너지는 회사들을 많이 보아왔다. 그것만은 정말 피하고 싶었다.

창업자의 뜻을 받들되, 창업자가 이루지 못한 새로운 시장을 일구어야 한다. 아직 가야 할 길이 멀지만, 이는 내가 반드시 해내야 할 몫이다. 이 책은 그런 마음가짐을 담아, 나를 새롭게 다그치는 계기며, 같은 고민으로 힘들어하는 2대 경영자들을 위해 내 경험을 소개하는 기회이기도 하다. 부디 이 책이 그들에게 많은 도움이 되기를 바란다.

이 책은 내 인생의 새로운 한 획을 긋는 계기로, 특별한 의의를 지니고 있다. 더불어 창업 이후 반세기에 이르는 시간 동안 닛신식품에 도움을 주신 모든 분들에게 감사의 뜻을 전하는 기회이기도 하다.

이 자리를 빌려 지금까지도 많이 지도해주신 카타오카 이치로 교수님께 감사의 마음을 전한다. 뇌과학의 권위자인 이토 마사오 교수님께는 많은 지도를 받았다. 미국 지사에 근무하던 시절 많은 분들에게 신세를 졌고, 닛신식품의 홍보를 도와주신 분들이 있었기에 회사가 여기까지 올 수 있었다. 그분들 모두에게 깊은 감사의 마음을 전한다.

닛신식품은 창업한 지 반세기에 이른다. 그동안 도움을 주신 한 분 한 분들에게 감사의 마음을 전해야 하지만 그 수를 헤아릴 수 없어 부득이하게 한데 감사의 말씀을 드리는 것에 양해를 구한다.

안도 고키

머리말 5

1장 회사를 살리려면 '컵누들'을 깨버려라
'컵누들' 개발자 앞에서 '타도 컵누들!'을 외치다 15
창업자에게 정년은 없다 20
저라면 절대 아버지처럼 하지 않아요 25
아버지의 등을 보며 무시무시한 집념을 배웠다 32
창업과 수성, 어느 것이 더 어려운가? 39
유학 중에 미국 공장의 경영을 책임지다 45
나를 절벽 밑으로 떨어뜨린 아버지의 교육법 52

2장 회사를 세우는 것과 회사를 키우는 것
달콤한 말에 넘어간 '컵라이스'의 대실패 63
만드는 데는 능했지만 지키는 데는 서툴렀던 아버지 68
세계 최초로 인스턴트라면 시대를 열다 73
신혼여행과 맞바꾼 'UFO'의 히트 79
맛의 경계를 찾고, 소비자의 마음을 담아라 85
아버지와 형의 극심한 대립, 그리고 '타도 컵누들!' 91
창업자와 대립할 때 잊지 말아야 할 네 가지 98

3장 브랜드 매니저들의 자비 없는 전쟁

아무리 작은 분야라도 1등 브랜드가 되어라 107

상사에 대한 불만은 사장에게 직접 말하라 113

괴짜의 발상이 혁신을 이룬다 121

브랜드 매니저들에게 활기를 불어넣다 125

경쟁 회사에 먹힐 바에는 자사가 먹어라 129

성공과 실패 이유를 철저하게 해부하라 135

잔인하더라도 책임은 분명히 따져라 141

4장 이길 때까지 절대로 포기하지 마라

연간 300종의 신제품을 발매하다 149

브랜드 매니저가 만든 대히트 상품, '라오' 158

'라오', 컵누들의 아성에 도전하다 163

면담과 무인도 체험, 사원들과 한 몸이 되다 172

전략적 경영으로 사원들의 경쟁력을 일깨우다 180

수성경영, 지키려면 공격하라 187

5장 브랜딩 1등 기업으로 가는 길

불황 속의 성공 전략, '구타' 의 실험 193

박리다매의 유혹에 넘어가지 마라 198

상품 가치를 알아주는 고객에게 집중하라 203

매월 첫 주 일요일은 '구타' 의 날 207

브랜드는 고도의 멘탈 모델이다 212

뇌는 브랜드를 어떻게 분석하는가? 218

가장 뛰어난 브랜딩 기업으로 남고 싶다 224

롱셀러가 되고 싶다면 소비자를 끌어안아라 228

6장 '라면의 길' 은 언제나 로마로 통한다

이익보다는 모두에게 도움되는 일을 하라 239

기업이 가야 할 길을 자연에서 찾는다 244

세계가 좋아하는 맛으로 세계와 승부하자 248

인스턴트라면 회사에서 인류의 기업으로 253

옮긴이의 말 258

1장

회사를
살리려면
'컵누들'을
깨버려라

창업자의 강한 카리스마에 이끌려온
회사 안에는 상명하달 풍토가 만연해 있었다.
이래서는 더 이상의 성장은
기대할 수 없을 것 같았다.

"컵누들을 깨버리자!"

'컵누들' 개발자 앞에서 '타도 컵누들!' 을 외치다

"컵누들을 깨버리자!"

1985년 6월, 닛신식품 사장에 오른 나는 사원들 앞에서 이렇게 외쳤다. 당시 37살이었던 나는 젊고 의욕이 넘쳤다.

창업 후 27년이 지나자 회사 내에 파벌주의와 관료주의가 만연했고 상품 개발 열의도 멈추어 혁신적인 신상품이 나오지 않았다. 책임은 지지 않으면서도 권한은 챙기려는 임원들과 상부에서 지시하지 않는 한 나서서 일하지 않으려는 사원들 때문에 조직은 흐트러졌다. 회사는 비밀 집단의 기지처럼 복잡하고 괴기하게 얽혀 있었다.

문제는 '컵누들'이라는 톱 브랜드에만 의존하는 데 있었다. 컵누들은 닛신식품의 창업자이자 내 아버지이기도 한 안도 모모후쿠가 세계 최초로 개발한 컵라면이다. 당시 컵누들은 닛신식품의 전체 매출 중 절반 이상을 차지하는 최고의 상품이었다.

아버지가 개발한 컵누들은 누구도 함부로 건드릴 수 없는 성역이었으며, 하물며 그 브랜드 이미지에 흠집을 내거나 시장을 빼앗을만한 신제품을 발매할 수도 없었다. 닛신식품 사원들 모두가 그렇게 믿고 있었다. 더구나 오랫동안 그의 강한 카리스마에 이끌려 와서 회사 안은 상명하달 풍토가 만연해 있었다.

이래서는 더 이상의 성장은 기대할 수 없을 것 같았다. 그래서 나는 사장 취임 인사를 하는 자리에서 이렇게 말했다.

"컵누들을 뛰어넘는 획기적인 상품을 만듭시다!"

공식 슬로건은 '타도 컵누들!'이었다. 모든 사원들이 지켜보는 앞에서 들뜬 나머지 "컵누들을 깨버리자!"고 외친 것이다. 당연한 결과지만 아버지는 몹시 화가 났다. 자신이 개발해 회사의 톱 브랜드로 키워온 상품을 아들이 깨버리자고 하다니.

"그런 일을 하라고 너를 사장 자리에 앉힌 게 아니다. 넌 아비를 배려하는 마음이 전혀 없는 게냐?"

하루하루가 다툼의 연속이었다.

"컵누들을 지키려고 할수록 회사는 약해집니다. 경쟁해야만 비로소 강해집니다. 무엇보다 컵누들은 그렇게 쉽게 무너질 상품이 아니지 않습니까?"

아버지와 나 사이에 이런 말이 수없이 오갔다.

"컵누들을 뛰어넘는 상품을 많이 만드는 것이 제 목표입니다. 코카콜라와 펩시콜라를 함께 가질 수 있다면 최강의 회사가 될 수 있지 않겠습니까?"

이처럼 무모할 수 있는 말도 서슴없이 했다.

아버지가 내 의지를 이해하는 데 석 달 가까이 걸렸다. 마지막에는 그가 아무 말도 하지 않았다. 기가 차 말문이 막혀서였겠지만, 나는 이것을 암묵적인 승낙으로 받아들였다.

그렇게 '타도 컵누들!'은 사원들의 목표가 되었다. 신제품 수도 늘었다. 이 슬로건 하나로 회사 안에 활기가 넘쳤다. 신입사원을 채용할 때도 이 슬로건을 사용했다.

"닛신식품에 들어와 컵누들을 뛰어넘을 상품을 만들 의욕 넘치는 젊은이들은 모여라!"

그러자 지원자 수가 작년보다 두 배 이상 늘었다. 젊은 사람들은 다들 재미있는 회사라는 반응이었다.

아버지는 이 일에 아무 말도 하지 않았지만, 이것은 끝이 아니라 새로운 시작이었다. 내가 사장에 오른 뒤 아버지가 96세를 일기로 돌아가실 때까지 22년간 둘 사이의 다툼은 끊임없이 이어졌다. 그때를 떠올려보면 내가 어떻게 지금까지 사장 자리에 앉아 있을 수 있는지 나 스스로가 자랑스러울 정도다.

언쟁은 일상이었다. 말이 격해지기도 해, 옆에서 듣고 있는 사람이 조마조마해 하는 상황이 수없이 많았다. 하지만 둘 다 최고경영책임자이자 대표임원이었다. 견해 차이가 사원들의 귀에 들어가 경영에 지장을 주는 일은 없어야 했다. 그것은 서로가 너무나 잘 알고 있어, 마지막에는 한쪽이 한풀 꺾이며 마무리하곤 했다.

아버지와 나 사이의 미묘한 관계를 알고 있는 사람은 몇 명뿐이었다. 대부분의 거래처와 내 친구들에게는 나와 아버지가 사이 좋게 서로를 격려하며 회사를 이끌어 가는 것처럼 보였다. 그 중 거로 나처럼 회사를 물려받은 후배들이 내게 이렇게 묻곤 했다.

"회사를 창업하신 아버지와 관계가 껄끄러워 걱정입니다. 잘 지낼 수 있는 방법을 알려주세요."

그럴 때마다 나는 머쓱하기도 했지만, 그렇게 고민하는 이들이 많다면 한 기업을 세운 창업자는 어떤 사람인지, 그와 어떻게 지내야 하는지 정리해두는 것도 의미가 있을듯했다.

기업을 세운 이들은 공통점이 있다. 마쓰시타 고노스케는 쌍소켓을 개발하여 마쓰시타전기산업(현 파나소닉)을 창업했다. 이나모리 가즈오는 파인세라믹을 연구하여 교세라를 세웠다. 혼다 소이치로는 자전거 보조 엔진을 만들어 지금의 혼다를 키웠다. 이들 모두 고뇌의 시간을 거쳐 스스로의 힘으로 독창적인 제품을 만들었고 사업을 일으켰다. 그들은 다른 사람들이 하지 않는 것을 해내겠다는 집념과 창의력이 대단했다. 무일푼으로 시작해 세계 최초로 인스턴트라면을 개발한 안도 모모후쿠도 마찬가지다.

기업을 세운 이들은 보통 사람이 아니다. 그들은 특별한 능력을 지니고 있다. 반면에 그들의 사업을 이어받은 후계자는 대부분 보통 사람이다. 따라서 회사를 세운 이들과 그 기업을 물려받은 2대 경영자의 갈등은 재능과 평범함의 다툼이라고 해도 과언이 아니다.

이 장은 닛신식품 창업자이자 아버지인 안도 모모후쿠 회장과 나 사이의 미묘한 관계를 다루고 있다. 그것은 내게 반성과 후회가 가득한 부끄러운 경험들이다. 그렇지만 그 경험이 같은 상황에 처해 있는 이들에게 조금이나마 교훈이 되지 않을까 싶다. 2, 3대 경영자뿐 아니라 카리스마가 강한 경영자의 사업을 물려받은 경영인, 결단력과 추진력이 강한 경영자 밑에서 일하는 젊은 사원들에게도 도움이 되기를 바란다.

창업자에게
정년은 없다

"네가 사장을 그만두든지 내가 회장을 그만두든지 둘 중 하나 다!"

늦은 밤, 지칠 줄 모르는 언쟁 끝에 아버지는 나를 노려보며 이렇게 말했다.

부자지간의 흔한 말다툼이라고 생각할 수도 있다. 사실 틀린 말도 아니다. 하지만 언쟁 내용은 기업 경영에 관한 것으로, 보통 아버지와 아들 사이에 나눌 대화가 아니었다. 나는 20년 이상 사장으로서 닛신식품을 이끌어 왔다. 여타 젊은 2대 경영자들과 는 다르다고 생각했다. 그러나 상대는 아버지이자 이 회사를 창업한 회장이었다. 그는 일본뿐 아니라 전 세계 인스턴트라면 시장을 자신이 개척했다는 강한 자부심을 가지고 있었다.

"내가 있었기에 오늘날의 닛신이 있는 거다!"

"말씀 안 하셔도 잘 알고 있습니다."

"넌 아직 모른다!"

이런 언쟁이 하루에도 몇 번씩 이어졌고, 언쟁은 늘 "네가 사장을 그만두든지 내가 회장을 그만두든지 둘 중 하나다!"로 마무리되었다. 옆에서 둘의 언쟁을 지켜보던 어머니는 "그만들 좀 하세요!"라며 질렸다는 표정이었다.

이것은 오래전 일이 아니다. 아버지가 2007년 1월 5일 96세를 일기로 영면하기 6개월 전까지 매일 이어진 일상이었다. 아버지는 혈기가 넘쳤고, 일에 대한 집착도 놀라울 정도였으며, 근심 걱정 많은 성격까지 더해 내가 하는 일을 가만히 지켜보지 않았다.

아버지는 중역을 그만둔 2005년 6월에 거래처의 경영진들과 친분 있는 분들에게 자신의 심경 변화를 담은 편지를 썼다.

"닛신식품을 창립한 후 47년간 경영에 몸담아왔습니다만, 내 심경에 작은 변화가 생겨 스스로 퇴임을 요청해 이사회의 승낙을 받았습니다. 다행스럽게도 사장 이하 젊은 경영진들이 훌륭하게 자라주었기에 안심하고 경영을 맡깁니다. …… 내 나이도 올해 94세로 한 세기 가깝게 살아왔습니다. 긴 인생에 수많은 분들께 신세를 지고 도움을 받으며 살아왔습니다. 이제는 베풀어

주신 그 은혜에 보답하려 합니다.”

그런데 이 편지에는 ‘나 없이도 회사를 잘 해나갈 수 있겠는가’ 라는 자부심과 서운한 마음이 묻어 있었다.

아버지의 마음을 이해하기란 여간 어려운 일이 아니었다. 아버지는 “나 같은 노인네에게 언제까지 일을 시킬 게냐?”며 버럭 화를 내다가도 “창업자에게는 정년이 없는 게 당연하다”고 말했다. 사장인 나의 부족함을 탓하는 것 같았다. 그 말을 듣고 내가 욱해 “아버지가 없어도 회사는 문제없습니다”라고 말하고 말았다. 안심하시라는 뜻으로 한 말이었는데 그 말이 아버지를 화나게 하고 말았다.

분명 자신이 만든 회사는 자기 손으로 키운 귀여운 자식 같은 존재일 것이다. 어디를 가더라도 자식 걱정이 앞선다. 일평생 눈을 뗄 수가 없다. 더구나 회사가 손해를 보면 자신의 주머니도 얇아진다.

아버지는 아니라고 말하지만, 기회만 주어지면 언제든 경영에 복귀할 태세였다. 중요한 회사 행사나 거래가 있을 때면 아버지는 언제나 먼저 움직이지 않고 내가 직접 찾아가 “회장님 부탁드립니다”라는 말을 해야만 비로소 자리에서 일어섰다. 그렇게 함으로써 자신이 없으면 이 회사가 돌아가지 않는다는 것을 알리고, 본인 스스로도 그것을 은근히 즐겼다. 권력을 과시하고 싶은게 아니었다. 회장에 올라 경영 일선에서 멀어졌다는 쓸쓸함과 젊은 사원들이 성장하는 것을 지켜보는 기쁨이 교차한 까닭이었다. 게다가 회사를 세우고 몇십 년이 지나면 회사 내에 창업자에 대한 감사나 존경심이 희미해지게 마련이다. 아버지로서는 그것이 슬픈 것이었다.

10년 전쯤의 일이다. 휴일 오후, 오사카의 본가에 계시는 어머니에게서 급하게 전화가 왔다.

"회장님이 몹시 화나셨다!"

여느 때와 마찬가지로 나 때문이었다. 곧바로 아버지께 전화를 했다. 한 시간이나 통화했는데, 그중 59분이 아버지의 꾸중이었다. 내가 해명할 수 있는 시간은 겨우 1분이었다. 여전히 아버지는 화가 풀리지 않았다. 일방적으로 하고 싶은 말만 하고 끊어 내가 변명할 여지가 없었다. 하는 수 없이 나는 업무에 필요한 도구와 옷가지를 챙겨 서둘러 비행기를 타고 본가로 향했다.

두 시간 동안 아버지 앞에서 고개만 끄덕였다. 하고 싶은 이야기를 다 한 아버지의 표정은 한결 밝아 보였다.

"그럼 이제 네 얘기를 들어볼까?" 해서 내 말을 꺼냈더니, "그런 얘기는 나중에 하고 문제부터 말해!"라며 말문을 막았다. 내가 말하는 도중에도 "넌 정말 얘기를 재미있게 할 줄 모르는구나. 좀 더 재미있게 말해봐"라고 주문하기도 했다.

이래저래 설명하는 데 하룻밤이 걸렸고, 이야기가 끝난 것은 다음 날 오후였다. 둘 다 지칠 대로 지쳐 있었다.

이 일이 있은 후 나는 적어도 일주일에 한 번은 아버지와 여유롭게 대화를 나눌 수 있도록 노력했다. 아버지의 스트레스를 덜어주기 위해서였다. 내가 아버지의 의견을 들어주지 않으면 아버지는 다른 임원들에게 같은 이야기를 꺼낼 것이다. 그 때문에 회사 내에 불협화음이 생기면 곤란했다. 사장인 나와 회장인 아버지가 결속을 다지려면 그 방법밖에는 없었다.

저라면 절대 아버지처럼 하지 않아요

아버지와 나 사이의 언쟁은 주로 해외 투자, 신제품, 사람에 관한 문제가 많았다. 그중 해외사업 부문은 전적으로 내 전문 영역이었다. 당시에는 해외공장 건설이나 인수합병 건이 많아 거액을 투자해야 했다. 하지만 아버지는 반대했다.

"나 같으면 그런 일은 절대 하지 않는다! 라면 한 그릇 팔아서 한두 푼 남는 장사를 하는데, 네 일로 몇 그릇을 팔아야 하는지 생각해봤느냐? 넌 풍족하게 자라서 헤픈 거다. 마케팅 이론만 내세워 회사를 크게 키우는 것만이 옳은 일이라 믿은 채 바보 같은 짓을 하는구나!"

그러면서 이렇게 나무랐다.

"허풍 떨며 자기 능력 밖의 일을 하려고 들지 말거라!"

하지만 해외사업의 진행 상황에 대해 내가 먼저 아버지께 "생각대로 잘 되지 않습니다"라며 고민을 털어놓을 때면 아버지는 전과는 달리 부드러운 목소리로 "너무 조급해하지 말거라"라며 나를 다독여주기도 했다.

"모든 식품회사들이 그 나라에 맞는 맛을 개발해 그 나라 소비자들이 만족하고 있다면 그걸로 된 거다. 우리가 만들었다고 모든 걸 우리가 다 해야 하는 건 아니다. 이 세상에 도움되는 일이라면 누가 해도 되고, 세상에는 그런 일을 잘하는 사람이 아주 많다. 각각의 나라에서 잘하는 회사가 하면 되는 거지. 그것보다 세계에 이런 음식 문화를 전파하는 게 중요하다."

의외로 따뜻한 말투였다. 하지만 '그렇구나' 하며 뒤돌아서는 순간 내게 덧붙인 말에 아버지의 속마음이 담겨 있었다.

"해외에서 팔리지 않는 것은 네가 능력이 없기 때문이다. 어쩔 수 없는 일이지."

이 말을 듣는 순간 나는 맥이 빠졌다. 그러나 그것으로 끝이 아니었다. 아버지는 한마디 더 덧붙였다.

"애초에 너의 그 작은 훈도시로 세상을 덮으려 한 게 무리다!"

아버지는 오래전부터 이런 비유적인 표현을 좋아했지만 먼지만큼의 배려도 없는 이 표현 앞에서는 정말 두 손 두 발을 들고 말았다.

해외 투자에 이어 부자간에 다투는 다른 하나는 국내 신제품 문제였다. 아버지는 'UFO'·'돈베이'·'라오'·'스파오'·'구타(GooTa)'를 비롯해 내가 개발한 신제품에는 모두 가차 없이 일침을 가했다. UFO와 돈베이는 컵누들에 이은 닛신식품의 히트상품 중 하나로, 사장에 오르기 전 내가 개발한 상품이었다. 그때도 아버지는 맹렬하게 반대했다. 그런 터에 내가 사장에 오른 후 "컵누들을 깨버리자!"라고 외치자 아버지는 몹시 화냈고, 신제품 문제에 매우 민감했다. "원가가 너무 높다", "새롭지 않다", "먹기가 너무 번거롭다", "컵누들 기술을 응용한 것뿐이지 않느냐?", "이걸로 정말 컵누들을 넘을 수 있다는 게냐?" 등등 하나하나 따졌다.

"기술적으로는 조금씩 진화하고 있습니다. 잘 팔려서 브랜드로 정착한다면 반드시 수익이 생깁니다. 전체 비용을 따져보면 컵누들의 원가를 낮추는 효과도 있습니다."

신제품의 장점을 아무리 설명해봤자 아버지는 자신이 개발한 치킨라멘과 컵누들로 공격해오는 한 당해낼 재간이 없었다. 더구나 상품의 품질을 개선할 때마다 아버지는 이렇게 나무라곤 했다.

"지금 네가 하고 있는 일은 파친코 업소를 신장개업하는 것과 다를 게 없다! 같은 상품만 만지작거리고 있는 거 아니냐!"

마지막 언쟁은 사람에 관해서였다.

"한 임원이 네가 최근에 일방적으로 지시만 할 뿐 임원들 의견은 듣지도 않는다며 불평하더구나. 독재자라도 될 셈이냐?"

"누가 그럽니까?"

"누가 그랬는지가 중요한 게 아니다!"

어이가 없었다.

"회장님께서도 그렇게 생각하신다면 고치도록 노력하겠습니다."

내가 이렇게 말하자 아버지는 더 이상 말씀이 없으셨다.

나는 남의 말을 빌려 이야기하는 것을 싫어한다. "그들이 너를 이렇게 평가하더군"이라는 말을 듣는 것은 더더욱 싫다. 그런데 아버지는 남의 말을 빌려 자신의 속마음을 드러내는 경우가 많았다. 이 때문에 아버지와 수없이 충돌하곤 했다.

나는 일에 관한 이야기는 사무적으로 진행하고 싶다. 하지만 상대가 아버지이다 보니 그게 쉽지만은 않았다. 속내를 그대로 드러내다 보니 모든 말에 가시가 돋아 있었다. 나는 아버지를 훌륭한 경영자라고 생각한다. 닛신식품을 세우고 여기까지 키워온 것은 아무나 할 수 있는 일이 아니다. 하지만 아버지는 내가 그리는 이상적인 아버지와는 너무나 거리가 멀었다.

"그처럼 훌륭한 분을 아버지로 두고 가업까지 물려받은 사람이 더 이상 무엇을 바라느냐?"

남들이라면 이렇게 반문할 수도 있다. 하지만 그들은 속사정을 모르기 때문에 그렇게 말할 뿐이다. 내가 바라는 이상적인 아버지는 마음씨 좋은 아저씨다. 온화하고, 어떤 일이 있어도 동요하지 않으며, "네가 하고 싶은 것을 하거라"라고 말하며 자식의 뒤를 든든하게 받쳐주는 그런 아버지다. 하지만 현실에서는 단 한 번도 그런 대화가 오간 적이 없었다.

나는 모든 것을 보고해왔다고 생각했는데도 아버지는 마음에 들지 않는 것이 있으면 화부터 냈다.

"그런 말은 들은 적이 없다! 누가 네 멋대로 결정하라고 했느냐!"

그럴 때면 "저도 어린애가 아니라 50세를 넘었습니다! 더구나 15년이나 사장을 하고 있지 않습니까!"라며 강하게 반발하고 싶기도 했다.

아버지가 "네 생일이니까 맛있는 것을 사주마"라며 나를 레스토랑에 데리고 가준 것은 고맙지만, 그 자리에서 두 시간이나 설교를 들어야만 했다. 설교를 듣다 보면 말대꾸하고 싶어질 때가 있기 마련이다. 결국 내 입에서 이런 말이 나오고 말았다.

"늙어서는 자식에 의지하라고 하잖아요."

아버지가 화를 낸 것은 당연했다.

"나를 병약한 노인네 취급하지 마라! 너한테 월급을 받고 있는 것이 아니라 내가 네게 월급을 주고 있는 것이다!"

그 뒤는 언제나처럼 막말이 오갔다.

"아버지는 제가 바라는 이상적인 분이 아니에요!"

"나는 효자를 원했다! 너야말로 내가 원하는 이상적인 아들이 아니다!"

둘 사이의 언쟁은 거친 말로 주고받는 만담이 되다시피 했다. 그러나 아버지나 나나 언제나 진지했다.

"네게 한 가지는 꼭 말하고 싶다. 인간이란 파고들면 결국에는 존경심과 사랑밖에 남지 않는다. 그런데 너는 그게 없어!"

아버지의 이 말만은 지금까지 내 마음속 깊이 남아 있다. 이 말을 듣고 나는 말문이 막힐 수밖에 없었다. 나는 솔직한 편이지만 그리 고분고분한 성격은 아니다. "경애심을 가져라"는 말에 "알겠습니다"가 쉽게 나오지 않는다. 더구나 아버지에게서 "사랑한다"는 말을 들을 때는 정말 어색하다.

96년을 살아온 아버지에게는 쌓이고 쌓인 생각들이 많았을 것이다. 그것을 아버지가 돌아가신 지금에야 알 것 같다. 아버지는 옳고 그름이 아닌, 당신의 속마음을 내가 알아주길 바랐다는 것을. 그런데 나는 그것을 일일이 옳고 그름을 따져가며 언쟁으로 키우고 말았다. 아버지의 마음을 조금이나마 이해했다면 고분고분하게 대답했을 텐데……. 왜 아버지에게서 "사랑한다"는 말을 들었을 때 기꺼이 "감사합니다" 하며 마음을 전하지 못했는지 후

회스럽다.

　자식은 부모님이 돌아가신 뒤에야 후회한다고 하는데, 나 역시 너무나 늦게 깨달았다. 지금 생각해도 너무나 부끄럽고 슬픈 일이다.

아버지의 등을 보며
무시무시한 집념을 배웠다

아버지의 가장 큰 특징은 남보다 뛰어난 집념이다. 아버지는 한 가지 일에 집중하면 다른 일은 거들떠보지 않았다.

아버지는 생전에 이런 말을 자주 했다.

"생각하고, 생각하고, 또 생각하라!"

"오랜 생각 끝에 답을 찾아냈을 때가 가장 행복하다."

"새로운 제품은 번뜩이는 아이디어에서 나오고, 번뜩이는 아이디어는 집념에서 나온다."

아버지는 어린아이처럼 호기심이 왕성해서 어떤 일에도 흥미를 가졌다. 그리고 그 일에 흥미를 가지면 다른 것들은 까마득히 잊어버린 채 그 일에 몰두했다.

내가 태어난 다음 해인 1948년에 있었던 일이다. 아버지는 오사카에 국민영양과학연구소를 세웠다. 전쟁이 끝난 지 몇 해 지나지 않은 때라 식량이 부족해서 영양실조에 걸리는 사람들이 많았다. 그래서 아버지는 대학교수들의 도움을 받아 영양식품을 개발하는 데 힘을 쏟았다. 연구라면 대학교수들에게 맡겨도 될 텐데 아버지는 한순간도 가만히 있지 않았다.

어느 날 밤, 이불 속에서 영양식 재료로 어떤 게 좋을까 생각에 몰두하고 있을 때, 아버지의 귓가에 개구리 소리가 들려왔다. 집 마당의 작은 못에서 개구리가 울고 있었다. 그 소리를 들은 아버지는 갑자기 마당으로 뛰어나가 그 개구리를 잡았다. 개구리를 농축하면 고단백 식품으로 안성맞춤이라고 생각한 것이다. 개구리는 20센티미터는 족히 되어 보였다.

아버지는 잡은 개구리를 압력솥에 넣고 끓이기 시작했다. 옆방에서는 어머니와 내가 자고 있었다. 그런데 두 시간쯤 지났을까, "쾅!" 하는 폭발음과 함께 압력솥이 터졌고, 솥 안에 있던 내용물이 온 방 안에 퍼져 천장에서 바닥까지 엉망진창이 되었다.

"그걸 꼭 여기서 해야 해요?"

그때 아버지는 어머니께 크게 혼났다고 한다. 당시 갓난아이였던 나는 아마도 정신없이 울어댔을 것이다. 큰일이 없어서 다행이었다.

세계 최초의 인스턴트라면인 치킨라멘을 개발할 때도 아버지는 집 마당에 작은 작업실을 만들고, 그 안에서 밤낮없이 연구에 몰두했다. 당시 초등학생이었던 나는 어린 마음에 아버지가 언제 주무시나 궁금했다. 만들다가 실패한 면 찌꺼기들이 집 마당에 한가득 쌓여 있던 모습이 아직도 눈에 선하다.

아버지와 친분이 두터웠던 후쿠다 다케오 전 일본 총리는 "안도 씨는 자라 같은 분이다. 한번 물면 절대 놓지 않는다"고 말하곤 했다. 아버지의 집요한 성격은 예전부터 유명했다.

아버지는 사원들에게도 늘 "생각하고, 생각하고, 또 생각하라!"며 다그쳤다. 본인은 담담하게 말하는 것이었지만 사원들에게는 아버지의 말 한마디 한마디가 엄청난 스트레스였다. 아버지는 제품 아이디어가 떠오르면 아침 일찍 기술 담당자에게 전화로 지시를 내렸다. 그러고는 그날 저녁에 다시 전화를 걸었다.

"제작은 끝났나?"

이때 담당자의 입에서 "아직 끝내지 못했습니다"라는 말이 나오면 불호령이 떨어진다.

"마음만 먹는다면 하루에 한 달 일도 할 수 있는 거야!"

"뭔 일을 그렇게 굼뜨게 하나! 자네들이 하는 일이란 다 꺼진 불에 고구마를 구우려는 것과 뭐가 다른가!"

이런 꾸중을 들은 사원들은 셀 수 없이 많다.

아버지는 생각난 것은 무엇이든 그때그때 메모해두는 습관이

있었다. 그래서 항상 머리맡에 연필과 메모지가 놓여 있었다. 컵누들을 개발할 때의 일이다. 아버지는 기름에 튀겨 건조시킨 면 덩어리를 원추형 컵에 잘 맞게 넣는 방법이 떠오르지 않아 고민하고 있었다. 면이 컵 안에 비스듬히 들어가거나 컵 바닥에 떨어져 부서지곤 했다.

그러던 어느 날 밤, 잠이 들려는 순간 아버지의 눈앞에서 천장이 빙 하고 돌더니 천지가 뒤바뀌었다. 상식을 뒤바꾸는 획기적인 아이디어가 떠오른 것이다. 컵에 면을 넣는 것이 아니라 면을 놓고 그 위에 컵을 씌우면 되는 게 아닌가. 발상의 전환이었다. 그 아이디어를 서둘러 메모해두고 다음 날 메모한 대로 해보니 대성공이었다. 면은 컵에 잘 고정되었다. 실용신안등록을 한 이 컵라면 중간 유지 방법은 컵누들을 부동의 톱 브랜드로 키운 특허 기술이었다.

"매사에 막연하게 생각만 한다고 되는 게 아니다. 끊임없이 고민했기 때문에 자다가도 아이디어가 떠오르는 것이다."

이것이 아버지만의 발상법이었다.

'시푸드 누들'을 개발 중일 때는 베개 옆에 포장 디자인 견본을 두었다. 그것은 아버지가 이미 결정내린 디자인이었다. 현장은 이미 인쇄판의 밑그림 작업에 들어가 있었다. 그런데 일주일이 지났을까, 아버지가 돌연 "컵누들 로고가 작다"고 지적했다. 급히 샘플을 다시 만들어 슈퍼마켓 진열대에 놓고 확인 작업에 들어갔다. 그 결과 아버지의 지적대로 로고를 키우자 2미터 떨어진 곳에서도 제품이 잘 보였다.

며칠 후, 이번에는 "시푸드 누들의 로고가 사각에서 너무 튀어 보인다"고 나무랐다. 하지만 그것은 사전에 젊은이들을 대상으로 조사한 결과 가장 인기 있던 디자인이었다. 아버지의 지시대로 다시 그려 재차 젊은이들을 모아 조사해보았더니, 역시나 고친 것보다 원안이 좋다는 의견이 많았다.

결과를 전달받자 아버지는 불만스러워했다. 인쇄는 순조롭게 진행되고 있었다. 여기서 공정을 중지하면 상품 발매 날짜에 맞출 수 없었다. 임원들은 아버지에게 이렇게 애원했다.

"결정하신 것이니까 이제 와서 바꾸시면 곤란합니다."

그러나 아버지의 대답은 당당했다.

"나는 매일 밤 그것을 머리맡에 두고 보고 또 보고 있다. 그러니 생각이 바뀔 수도 있는 것 아니냐!"

시푸드 누들(1984년 발매 당시)

그렇게 옥신각신하다가 3주가 지나서야 겨우 질리지 않으니 되었다며 오케이 사인을 내렸다.

질리는지 안 질리는지를 자기 눈으로 직접 확인하는 것이 아버지의 스타일이었다. 아버지는 늘 논리와 체험이 일치하는지를 가늠했다. 납득이 간다. 그리고 이것은 이후에 내가 그대로 따라 하는 점이기도 하다. 결정은 결정 한마디로 끝나지 않는다. 정말 그것이 최선인지 그것으로 괜찮은지 끝까지 궁리하고 고민한다. 그것이 주변 사람들을 애타게 하겠지만, 모든 의사결정에는 그만한 집념이 있어야 한다.

아버지는 90세가 넘어설 때까지도 머리맡에 연필과 메모지를 놓는 습관을 멈추지 않았다. 만년에는 시력이 나빠져 잘 안 보이는지 아침이면 "이게 뭐라고 쓴 건지 못 알아보겠어"라며 어머니에게 자신이 쓴 메모를 보여주었다. 지렁이가 기어가는 듯 구불거리는 글씨에 심하게 긁혀 있어서 전혀 읽을 수가 없었다.

그것을 본 어머니가 "잘 모르겠네요"라고 하면 아버지는 아쉬운 표정을 지었다. 아버지는 그래도 포기하지 않고 "뭐라고 썼는지 한 번만 더 읽어줘"라며 부탁했다. 어머니는 부러진 연필심 때문에 파여 있는 필적을 따라 연필로 덧쓴 후 글씨를 읽어주셨다.

아버지는 언제나 어린아이와 같은 호기심으로 어떤 일에도 깊은 관심을 나타냈다. 그리고 상식을 뛰어넘는 발상과 집념으로 새로운 상품을 만들어냈다. 내가 아버지의 등을 보면서 배운 가장 큰 교훈은 그 무시무시한 집념이었다.

창업과 수성,
어느 것이 더 어려운가?

한 번 더 말하지만 아버지는 보통 사람이 아니다. 아버지가 보통 사람이 아니라는 것을 증명하는 구체적인 증거로 나는 항상 아버지가 치킨라멘과 컵누들을 개발했을 때의 발상법과 철저한 상품 콘셉트에 대한 고집을 언급하곤 한다.

세계 최초의 인스턴트라면인 치킨라멘은 면에 수프가 곁들여 있어 면에 뜨거운 물을 붓기만 하면 먹을 수 있는 라면이다. 먹는 방법이 너무나 간단하다. 그 후 얼마 지나지 않아 경쟁 회사에서 분말수프를 따로 작은 봉지에 넣어 첨부한 라면을 발매했다. 분말수프를 뜨거운 물에 타 거기에 다시 뜨거운 물에 불린

면을 넣어 먹는 것이다. 치킨라멘보다 한 가지 작업이 늘어났다. 흔히 상품은 복잡한 것에서 단순한 것으로, 손이 많이 가는 것에서 간단한 것으로 진화해가기 마련이다. 하지만 치킨라멘은 처음부터 단 한 번에 최고의 간편함을 이루어냈다. 경쟁 회사 제품은 진화 과정을 역행한 것이다.

치킨라멘은 지금까지도 일본의 봉지라면들 중에서 가장 사랑받고 있는 상품이다. 조금만 맛을 바꾸어도 크게 반발하는 열광적인 팬들도 많이 있다. 장수 브랜드가 많은 식품업계에서도 치킨라멘은 롱셀러로, 매출도 꾸준히 늘고 있다. 발매 45주년인 2003년에는 치킨라멘 하나로 연간 1억 7,700만 개라는 사상 최대의 매출을 기록했다. 가장 간편하고 일본 사람들의 입맛에 맞는 인스턴트라면이라는 아버지의 개발 콘셉트에 대한 확신이 지금도 다른 상품의 추격을 허락하지 않고 있다.

세계 최초의 컵라면인 컵누들의 개발 콘셉트는 훨씬 더 뛰어났다. 보통 사람이라면 치킨라멘의 성공 연장선에서 신상품을 개발할 것이다. 즉 사발형 용기에 치킨라멘을 넣어서 뚜껑을 덮으려 할 것이다. 하지만 아버지는 달랐다. 오히려 길쭉한 컵 모양 용기에 면을 넣고 분말수프와 건더기를 직접 면 위에 올린 후 뚜껑을 덮었다. 또 한 번 뜨거운 물을 붓기만 하면 먹을 수 있는 가장 간편한 컵라면을 만든 것이다.

상품명은 컵라면이 아닌 '컵누들'로 붙였다. 세계 공용어인 영어를 이름에 사용함으로써 인스턴트라면이라는 간편함에 국제성을 더했다. 컵누들과 달리 경쟁 회사에서 이후에 나온 컵라면들은 분말수프가 들어 있는 작은 봉지와 건조된 건더기가 들어 있는 봉지를 면 위에 올려놓았다. 치킨라멘의 경우처럼 타사의 컵라면도 점차 손이 많이 가는 쪽으로 퇴화한 것이다. 게다가 치킨라멘과 컵누들은 포장 재료를 절약한 훌륭한 친환경 제품이며 시대까지 앞질렀다. 아니면 시대가 이제야 겨우 치킨라멘과 컵누들을 따라왔는지도 모르겠다.

이게 일반적인 진화 과정을 거쳤다면 어땠을까? 수프 별첨 라면 뒤에 치킨라멘이, 사발형 컵라면 뒤에 컵누들이 나왔다면 새로운 시장을 폭파시킬 만한 충격은 없었을 것이다. 현재 연간 52억 개라는 일본의 인스턴트라면 시장 규모도 그 절반밖에는 되지 않았으리라 확신한다.

아버지는 자신이 그린 이상적인 콘셉트를 철저하게 추구했고, 치킨라멘과 컵누들이라는 누구도 넘볼 수 없는 제품을 연달아 만들어냈다. 단 한 번에 최고에 도달한 아버지의 발상과 집념은 누구도 흉내 낼 수 없다. 아버지를 말할 수 있는 일화는 이 밖에도 많지만, 이것만으로도 내 아버지가 어떤 사람이었는지 충분히 알 수 있을 것이다.

의아해할 수도 있겠지만, 아버지는 경영 후계자인 나를 라이별로 여긴 것 같다. 내가 사장에 취임했을 때의 일이다. 임원 몇 명이 반은 아부에 가까웠겠지만 아버지 앞에서 나를 칭찬했다고 한다. 그러자 일이 벌어졌다.

"그럼 사장이 뭘 했는지 말해보세요."

아버지가 그 임원에게 따져 물었고, 그 임원은 내가 개발한 신제품을 열거했다.

그 말을 다 듣고 난 아버지가 되물었다.

"그럼 지금 닛신식품의 경영을 지탱하고 있는 상품은 무엇입니까?"

그 임원은 잠시 망설이다가 대답했다.

"물론 회장님이 개발한 치킨라멘과 컵누들입니다."

"그 두 개의 상품으로 회사가 수익의 몇 퍼센트를 벌어들이고 있습니까?"

임원으로서는 달리 할 말이 없었다.

창업자가 만든 치킨라멘과 컵누들이 있었기에 지금의 닛신식품이 있다는 결론에 도달했고, 이후 회장실에서 나를 칭찬하는 말은 일체 금지되었다.

나는 창업자인 아버지를 라이벌로 여긴 적은 한 번도 없다. 하물며 아버지를 뛰어넘겠다는 생각은 더더욱 하지 않았다. 아버지가 너무나 위대한 까닭도 있지만, 기업을 세운 아버지와 2대 경영자인 나는 전혀 다르다고 생각하기 때문이다.

나는 '초창성취(草創成就)'라는 말을 좋아해서 일부러 도장까지 만들어 가지고 다닌다. 매년 1월에 회사의 한 해 경영 방침을 정해 쓰고 있는데, 그 구석에는 반드시 초창성취를 새긴 도장을 찍어둔다. '초창'은 어떤 사업을 처음으로 시작한다는 뜻으로 창업자의 역할을, '성취'는 목적한 바를 이룬다는 뜻으로 창업자의 성공을 이어받은 2대 경영자가 해야 할 일이라 여겨 항상 명심하고 있다.

중국 당나라 태종이 신하와 함께 정치에 대해 논한 문답을 정리한 《정관정요》에는 이런 글이 실려 있다.

태종이 황제에 오른 지 10년 되던 해에 신하들에게 물었다.

"창업과 수성 중 무엇이 어려운가?"

신하 중 한 명이 답했다.

"세상의 질서가 어지럽고 아직 천하는 하나가 되지 못하여 많은 영웅이 있으니, 이 싸움에서 이겨야 비로소 나라가 생기기 마련입니다. 따라서 창업이 어렵습니다."

그러자 다른 신하가 이렇게 답했다.

"예로부터 고난의 시기에 제왕이 나며, 안일함을 탐할수록 이를 잃게 됩니다. 수성이 어렵습니다."

이것을 사업에 빗대어 말하면 어떨까? 경영자들이 처해 있는 상황과 목표가 다르므로 한마디로 단정할 수는 없지만, 굳이 따진다면 "둘 다 어렵다"가 정답이 아닐까? 창업과 수성은 경영자에게 영원한 과제라 할 수 있다.

나는 평범한 사람이다. 아버지의 한번 물면 절대로 놓지 않는 자라와 같은 집념에는 당할 수 없지만, 내가 가진 집념은 두더지와 같다. 나는 인스턴트라면이라는 본업을 파고, 파고, 또 판다. 입구는 작을지 모르지만 깊게 판다. 계속 파다 보면 언젠가는 반드시 광맥에 다다르게 된다. 나는 지금도 그렇게 믿고 있다.

유학 중에 미국 공장의 경영을 책임지다

나는 1971년 3월, 게이오대학을 졸업하고 곧바로 컬럼비아대학으로 유학을 갔다. 게이오대학에서는 카타오카 이치로 교수 밑에서 마케팅을 공부했다. 카타오카 교수는 게이오대학 비즈니스스쿨의 초대 학장으로, 후에 유통과학대학의 학장을 역임했다. 카타오카 교수는 내게 마케팅의 본고장인 미국에서 더 공부하도록 권했다. 유학비용은 부모님께 부탁드리고, 들뜬 마음으로 컬럼비아대학이 위치한 뉴욕으로 향했다.

컬럼비아대학은 맨해튼 북서부 브로드웨이 12번가, 허드슨강이 흐르는 아름다운 공원에 둘러싸여 경치가 아주 좋았다. 하지만 기숙사는 너저분하고 더러웠다. 당시 나는 부모님의 영향에서 벗어나 스스로 생활하고 싶은 마음이 간절했다. 어차피 이런 더러운 기숙사에서 살 바에야 값싼 곳이라도 좋을듯해, 뉴욕 빈민가인 웨스트사이드의 작은 원룸에서 자취 생활을 시작했다. 그곳은 갱들의 도시로 유명한 할렘에 가까운 곳이라 주위에는 온통 흑인들뿐이었다. 영화 〈웨스트사이드 스토리〉의 인상이 강렬하게 남아 있던 나는 그 영화에서 카리스마가 넘쳤던 조지 차키리스를 흉내 내어 긴 머리에 롱코트를 걸친 채 웨스트사이드 거리를 돌아다니곤 했다.

고등학교 때는 당시 세계적인 인기를 누리던 록 밴드 벤처스를 본떠 밴드를 결성했고, 리드 기타를 맡기도 했다. 벤처스 콩쿠르에서 2위를 했을 만큼 기타 실력도 좋았다. 대학 때는 도박에 푹 빠져 지냈다. 당시 나는 내가 생각해도 모범적인 학생이 아니었다. 마작은 특히 잘해 거의 져본 적이 없다. 하지만 함께 마작을 즐기던 친구들은 내 실력을 이렇게 비꼬곤 했다.

"잘하는 게 아니라 이길 때까지 그만두지 않을 뿐이야."

하긴 지기라도 하는 날에는 잠이 오지 않았다. 지기 싫어하는 성격은 아버지를 그대로 닮았다.

컬럼비아대학에서의 수업은 정말 어려웠다. 마케팅에 관한 교과서를 하루에 수십 페이지씩 읽어야 했다. 수업은 영어로 진행했고, 토론 시간이 많아서 제대로 따라갈 수 없었다. 그래도 열심히는 했지만 공부가 힘들었던 만큼 웨스트사이드 거리로 나가 노는 것이 유일한 즐거움이었다. 뮤지컬을 싼 가격에 볼 수 있었고, 예술가들의 거리로 유명한 그린위치빌리지와 소호로 걸음을 옮기면 재즈나 록 음악을 공연하는 라이브하우스들이 줄을 이었다. 나는 누구에게도 방해받지 않은 채 이국에서 청춘을 마음껏 즐겼다.

그러던 어느 날, 아버지가 출장을 왔다며 뉴욕에 나타났다. 그러더니 대뜸 "지금 바로 짐을 싸서 가드너에 있는 LA 공장으로 가라!"고 지시했다.

"마케팅이란 결국 탁상공론이다. 그런 말도 안 되는 공부를 해봐야 현실에서는 도움도 안 된다."

아버지는 처음부터 그렇게 생각하고 있었다.

"듣자 하니 뉴욕의 골목을 싸돌아다닌다고 하더구나. 그런 위험한 곳은 다니지 마라. 무슨 일이라도 생기면 어떻게 할 거냐?"

미국에 있는 거래처 분들에게서 내 생활을 듣고 황급히 온 것 같았다. 아버지는 사람의 마음을 읽는 데는 동물적인 감각을 지니고 있었다. 거짓말은 통하지 않았다. 이것저것 꼬치꼬치 캐묻는데, 결국에는 그간의 일들을 모두 자백하고 말았다.

"이 집은 더럽고, 좁고, 냄새나고, 위험하다. 지금 당장 이 집에서 나와라!"

마침내 아버지가 화를 냈다. 그렇게 1972년 7월, 나는 마지못해 짐을 싸 혼자 LA로 향했다.

여담이지만 후에 카타오카 교수가 아버지와 만나 한 시간 반 동안 컵누들 개발 일화를 듣고는 "사장님이 한 일은 프로젝트· 콘셉트·프로모션 계획·유통 정책에 이르기까지 모두 완벽합니다. 마케팅의 표본입니다"라며 놀라워했다고 한다.

아버지는 자신의 경험만으로 회사를 세웠고, 마케팅을 이론보다는 몸으로 느끼고 실행해왔다. 그런 아버지가 그런 말을 듣자 너무나 기뻤는지 이후에 회의 중에 "카타오카 교수에게 완벽하다고 칭찬받았다"며 몇 번이나 자랑하곤 했다.

24살의 젊은이가 공장에 불려 갈 때는 분명히 이유가 있었을 것이다. 매상이 순조롭거나 아니면 그 반대거나. 아버지가 나를 공장에 보낸다는 것은 지푸라기라도 잡고 싶은 상황이 확실했다. 불안이 엄습해왔다. 공장에 가보니 역시나 내 예상은 빗나가지 않았다.

아메리카닛신은 1970년 7월, 닛신식품과 조미료 생산 회사인 아지노모토, 종합무역회사인 미쓰비시상사가 합병해 설립했다. '인스턴트라면을 세계적인 음식으로 만들고 싶다'는 아버지의 뜨거운 열정이 구체화된 첫 해외 진출 공장이었다.

이전부터 '데마에잇쵸'나 치킨라멘 등 일본에서 만든 인스턴트라면을 미국에 수출하기는 했지만, 취급하는 소매점 대부분이

동양계가 운영하는 식료품점들뿐이었다. 미국 대형 슈퍼마켓 중 인스턴트라면을 진열한 곳이 있다 하더라도 동양식품 코너에 간장·미소(일본식 된장)·통조림 귤·청주 등과 함께 소량이 놓여 있을 뿐이었다. 다행히 동양식품 코너에 강했던 재팬푸드 사에서 인스턴트라면에 주목해 한 곳이라도 많이 진열하도록 협조해주었고, 닛신식품은 미국 시장에 진출하고 나서도 오랜 기간 재팬푸드 사로부터 지원을 받았다.

하지만 수입 판매만으로는 판매가 늘지 않았다. 결국 현지법인을 세우고 생산 설비를 갖춰 본격적으로 판매 활동을 전개해야만 새로운 시장을 개척할 수 있다는 결론이 나왔다.

닛신식품 내에서는 미국 진출에 의문을 품은 이들이 많았다. 우선 영어에는 파스타, 누들은 있어도 라면이란 용어는 없었다. 참고로 전후에 세계 공용어가 된 일본 음식으로는 츠유(간장)·스키야키(전골)·토후(두부)·벤토(도시락)·스시(초밥) 등이 있다. 라면이라는 말이 언제 세계 공용어가 되었는지 모르겠지만, 미국에서 최대 발행 부수를 자랑하는 《웹스타 사전》(1997년 제2판)을 보면 라면이 '재패니스 누들'로 소개되어 있다. 닛신식품의 인스턴트라면이 세계 시장에 판매되면서부터 라면이 세계 공용어가 되었다고 봐도 좋을듯하다. 하지만 1970년대 당시 미국 사람들은 라면이라는 음식이 있는지조차 모르고 있었다.

미국 현지에서 실시한 소비자 조사에서도 부정적인 답변이 속출했다. 미국 사람들은 라면처럼 뜨거운 음식은 잘 먹지 못한다. 더구나 음식을 소리 내면서 먹는 것을 품위가 없다고 여긴다. 그들은 평소에 소고기 같은 동물성 단백질을 즐기며, 인스턴트라면처럼 전분이 많이 들어 있는 것은 좋아하지 않는다. 그래서 미국 사람들이 좋아할만한 라면을 만들어보았다. 그런데 만들고 보니 면은 두껍고 짧으며, 수프는 닭고기 맛이 났다. 이것은 당시 미국에서 가장 잘 팔리고 있던 캠벨 사의 통조림 수프인 '치킨 누들 수프'에 가까웠다.

미국식품의약국은 인스턴트라면은 면에 간수를 넣었기 때문에 누들이 아니라고 했다. 굳이 누들로 팔고 싶으면 '이미테이션'이라 표시하라고 했다. 미국 사람들에게는 거의 알려지지 않은 '라면'으로 갈 것인가 아니면 '이미테이션 누들'로 정할까? 이 둘을 놓고 의견이 분분했다.

"인스턴트라면은 누들의 이미테이션이 아니야! 그런 굴욕적인 표현은 참을 수 없다. 정정당당하게 라면으로 팔아라!"

아버지가 결단을 내렸다.

"아무리 식문화가 다른 미국인이라 할지라도 이렇게 맛있고 편리한 음식을 먹지 않을 리 없다!"

아버지의 생각은 간단명료했다. 여러 가지 가능성과 일어날 수 있는 상황을 예상하면서도 애매한 생각은 단호하게 잘라버렸다. 그렇게 함으로써 문제의 핵심만 찾아냈다. 그 결과 마침내

'맛에는 국경이 없다. 맛있고 싸면 반드시 팔린다' 는 결론에 도달했다.

아버지는 결정 난 일은 일사천리로 추진했다. 상품을 팔 곳을 확보하지 못했지만, 먼저 공장을 지을 토지를 사고 설비투자에 거액을 투입했다. 아버지의 결단력과 추진력은 치킨라멘 때도, 컵누들 때도, 컵라이스 때도 그랬다. "우수한 상품은 그 자체가 유통 채널을 만들어간다"는 것이 아버지의 지론이었다.

세심함 속에 우러나는 대담함. 이것은 아버지를 비롯해 자신만의 능력과 노력으로 사업을 일으켜 세우고 이끌어온 창업자들의 공통된 자질 중 하나가 아닐까 싶다. 아버지는 내 씀씀이를 많이 지적했지만 결코 인색하지는 않았다. "쓸데없는 돈은 한 푼도 쓰지 마라. 하지만 정말 필요한 돈이라면 아쉬워 말고 쓰거라"라는 말을 나는 아버지에게 귀가 닳도록 들었다.

나를 절벽 밑으로 떨어뜨린
아버지의 교육법

닛신식품 미국 공장이 있는 캘리포니아의 가드너 시는 1930년대부터 일본인들이 많이 이주해온 곳이었다. 오래된 일본인 교회·식당·상점들이 줄지어 있어, 리틀도쿄 다음으로 큰 일본인 교포 사회를 형성하고 있었다. 이 일대에 녹지대가 풍부해 '가든 스팟'이라 불리던 것이 가드너라는 지명의 유래가 되었다고 한다. 지금은 가드너에 일본계·아시아계·스페인계·아프리카계 등 여러 민족의 중류층이 많이 살고 있지만, 일본 교포들에게 가드너는 오래전부터 변함없는 마음의 고향이었다. 따라서 그곳은 일본에서 태어난 인스턴트라면이 해외에 진출하기에 가장 적합한 곳이었다.

그러나 아메리카닛신을 설립한 지 2년이 흘렀지만 가드너에 공장을 완공한 것은 그로부터 1년 이상 지나서였다. 생산라인의 핵심 설비와 건축 기준 때문이었다.

가드너에 위치한 닛신식품 미국 공장은 약 1만 7,000제곱미터의 부지에 5,000제곱미터의 공장을 세웠다. 일본에서 생산라인의 설비를 만들고 그것을 미국으로 옮겨 설치했다. 2개월에 걸쳐 제작된, 면을 건조하는 기계인 플라이어를 25미터나 되는 나무 상자에 넣은 배가 항구에 도착했다. 그런데 항구에서 설비들을 지게차로 옮겨 내리던 중 플라이어를 실은 지게차가 중심을 잃었고, 플라이어는 땅에 떨어져 산산조각 나고 말았다. 할 수 없이 일본에서 설계도를 가져와 근처 철공소에서 6개월에 걸쳐 다시 만들어야 했다. 일본과 미국의 건축 기준 차이에 따라 전기배선 공사와 배수설비 공사에도 몇 개월이 걸렸다. 공장 건설은 점점 늦어져 갔다.

아메리카닛신의 첫 번째 상품은 한 개에 25센트인 봉지라면 '탑라멘'이었다.

미국 지사 사장과 30살의 공장장, 20대의 젊은 기술자 세 명, 거기에 24살의 부사장인 내가 주축이 되어 사업을 시작했다. 게다가 미국인들이 듣지도 보지도 못한 라면을 판다는 계획이었다. 어제까지만 해도 거리를 쏘다니던 대학생이었던 나는 눈앞이 캄캄했다. 부사장인 내게 영업이 맡겨졌지만 어디서부터 어떻게 손을 대야 할지 난감했다.

세일즈보다는 라면이란 게 무엇인지 알리는 소비자 교육부터 시작해야 했다. 대형 슈퍼마켓 앞 공간을 빌려 상품을 진열하고 인스턴트라면에 대한 설명과 시식 판매를 반복했다. 드넓은 미국 땅에서 인스턴트라면을 알리기 시작한 것이다. 신문에 구인 광고를 해 직원을 모집했다. 40명으로 시작해서 얼마 안 가 167명까지 그 수를 늘렸다. 멕시코계·필리핀계·한국계 등 여러 인종이 모이자 확실히 합중국다운 구성이었다. 생산 능력으로 보았을 때 연간 750만 개는 팔아야 했다. 여태까지 일본에서 미국에 수출했던 양은 많아야 10만 개로, 연간 750만 개는 실로 엄청난 양이었다.

영업 활동은 두 명으로 시작했다. 슈퍼마켓에 전기포트·컵·냄비·포크를 들고 다니며 시식 행사와 판매를 병행했다. 손님을 붙잡고 설명하면 "라면이 뭐예요?"라는 질문이 돌아왔다. "수프가 가득 들어간 대접에 넣어 먹는 재패니스 누들입니다"라고 대답하면 "그런 건 본 적도 없는데……"라며 고개를 저었다. 한 슈퍼마켓의 바이어는 30개들이 박스로 하루 20박스 이상 팔면 매장에 진열해주겠다고 약속했다. 하루에 600개였다. 우리는 익숙하지 않은 영어를 써가며 아침부터 저녁까지 필사적으로 팔았다.

일본인 둘이 하는 영업에 한계를 느낀 나는 미국 여성 20명을 대면 판매원으로 채용했다. 나는 그들과 함께 대형 슈퍼마켓 곳곳을 부지런히 돌아다녔다. 판매량이 서서히 늘어갔지만 홍보를 하지 않고 팔리는 양은 그리 많지 않았다. 매일 생산하는 제품들이 점점 창고에 쌓여 재고만 늘어갔다. 태산같이 쌓인 재고를 볼 때마다 무력함에 휩싸였다. 생산을 조정하려고 조업을 중단하고 직원들을 해고하는 것도 고려했다. 하지만 현지 일본 교포들에게 환영을 받으며 시작한 사업이기에 회사 이미지가 나빠지면 앞으로 해야 할 일에도 지장을 초래한다. 결단을 내릴 수가 없었다.

그러던 어느 날이었다. 폭우가 쏟아졌고 공장 창고에 쌓여 있던 라면들이 습기가 차 변형되어 단숨에 무너져 내렸다. 엄청난 굉음이었다. 그날 밤 잠자리에 든 나는 그 굉음에 시달려 몇 번이나 잠에서 깼다. 아침에 일어나자 위에 통증이 심해 곧장 병원으로 향했다. 진단 결과 하룻밤 사이에 위에 구멍이 나고 말았다. 스스로를 질기고 강한 성격이라 믿어왔지만 그때의 스트레스만큼은 견딜 수 없었다.

그때 미국의 상황을 들은 아버지가 일본에서 건너왔다.

"생산을 중지해라! 안 팔리는 것을 만들어봐야 소용없다!"

창피를 무릅쓰고 생산라인을 중지시켰고, 모든 직원들을 일시 귀가시켰다.

"모든 업무를 중단하더라도 직원들에게는 급여를 100퍼센트 지급해라!"

아버지의 지시는 단호했다.

"급여만 지급한다면 전혀 창피한 일이 아니다."

아버지의 결정 앞에서 나는 '나는 아직 한참 어리구나' 하며 내 부족함을 절실히 깨달았다.

쌓여 있는 재고들을 애써 외면하며 영업 활동에 전념하는 나날이 이어졌다. 시식한 손님들은 대부분 맛있다며 칭찬했다. 어제 라면을 사간 손님이 오늘 다시 와 맛있었다며 이번에는 박스째 사가는 경우가 종종 있었다. 계약 점포도 조금씩 늘어갔다. 하지만 재고 처리가 끝나고 공장의 생산을 재개하는 데는 석 달이나 걸렸다.

그런데 신기하게도 재고를 모두 처리한 순간 상품이 순조롭게 팔리기 시작했다. 아마도 현지 일본 교포들이 도와주었을 것이다. 마음을 크게 먹고 일본 교포들이 즐겨 보는 잡지에 광고를 냈다. 그러자 판매가 더 좋아졌다. 한 번 움직이기 시작하면 궤도에 올라타는 것은 어려운 일이 아니다. 상품을 납품하던 소매점은 당초에 300곳에 불과했는데, 2년이 지난 후에는 2,000곳으로 늘어나, 캘리포니아 주에 있는 대부분의 슈퍼마켓에서 판매할 수 있었다.

지금이 내가 공부한 마케팅 실력을 마음껏 발휘할 때라고 생각했다. 탑라멘을 일본 교포들에게만 팔아서는 이 이상의 수요는 늘지 않는다. 문제는 간장이나 참깨고추기름이 미국인 입맛에는 맞지 않는다는 것이었다. 나는 대학에서 배운 시장 세분화 전략을 떠올렸다. 곧바로 다양한 타깃에 맞춘 갖가지 종류의 제품 개발에 착수했다. 당시 미국인들은 매일 똑같은 식사에 질려 있었는지 칼로리가 낮은 동양 음식에 주목하고 있었다. 일본 라면도 그런 흐름을 타고 팔려 나가기 시작했다.

미국인 입맛에 맞게 개발한 탑라멘은 성공했다. 이에 자신감을 얻어 1973년 11월, 미국에서 처음으로 컵라면을 판매하기 시작했다. 컵라면은 일본에서 팔기 시작한 지 아직 2년밖에 안 된 신제품으로, 이제 겨우 히트 조짐이 보이기 시작한 상품이었다. 컵라면은 컵 용기에 들어 있는 면을 포크로 먹는 구미의 식문화를 적용하여 애초부터 세계시장을 의식해 만든 상품인만큼 즉시 해외 진출이 가능했다. 미국에서 컵누들을 먹은 사람이라면 누구나 알겠지만 미국에 판매되는 컵누들은 면 길이가 일본 것의 반 정도다. 이는 후루룩하며 먹는 동양 사람들과는 식습관이 다른 구미인들도 먹기 쉽도록 하기 위해서였다.

미국식품의약국과 몇 번의 절충 과정을 거쳐 '이미테이션' 대신 '오리엔탈 누들 수프'라고 써넣음으로써 '누들'이라는 이름의 사용 허가를 받았다. 상품명은 CUP O' NOODLES로, 문법적으로 맞도록 복수형 O를 넣었다. 일본의 컵누들처럼 NOODLE

만으로는 미국인들에게 왠지 허전하게 느껴졌기 때문이었다. 그 후 소니가 워크맨을 발매해 세계적으로 대히트했다. 문법상으로는 워킹맨이 맞지만 일본식 영어가 그대로 관용적 표현으로 전 세계에 정착했다. 이처럼 브랜드 이름은 문법에 얽매일 이유가 없었다. 그래서 이후에 미국에서 판매되는 컵누들은 상품명에서 O를 떼어내고 지금의 CUP NOODLES로 자리매김했다.

사회인이 되자마자 바로 맛본 미국에서의 시련은 내게 귀중한 경험이었다. 일이란 앞만 보고 달린다고 되는 것이 아니다. 때로는 한 발짝 물러서는 용기도 필요하다는 사실을 배웠다. 이는 사자가 새끼를 절벽에서 떨어뜨리며 단련시키는 것처럼 나를 일부러 어렵고 힘든 환경에 던져 넣은 아버지의 자녀 교육법이 아니었나 싶다.

그 후 아메리카닛신은 시장을 캘리포니아에서 미국 전역으로 넓혀갔다. 그 과정은 결코 순조롭지 않았다. 경쟁 회사들과의 가격 경쟁에도 휩싸였다. 하지만 일진일퇴를 거듭해 미국 현지법인을 설립한 지 38년이 지난 2008년, 닛신식품은 미국에만 연간 15억 개의 라면을 판매하고 있다. 기나긴 여정이었다.

비록 미국 유학은 중간에 좌절되었지만, 나는 유학 생활을 통해 두 가지를 얻었다.

하나는, 뉴욕의 빈민가인 웨스트사이드의 값싼 원룸에 살면서, 이 이상은 없을 것만 같은 밑바닥 생활을 경험한 것이다. 목숨이 위태로울 만큼 위험한 일도 많았지만, 가진 것 없이도 살아갈 수 있다는 자신감이 생겼다. 어떤 환경에서도 잘 적응하고 살아간다면 '지금 살고 있는 곳이 고향'이라는 기분이 든다는 사실을 알았다.

그리고 또 하나는 담배를 끊은 것이었다. 나는 학창 시절 상당한 골초였다. 뉴욕에서 유학 중일 때도 담배를 입에 물고 다녔다. 그런 어느 날 같은 건물에 살던 흑인 친구가 말기 암 환자의 폐 해부 사진을 내게 보여주었다. 폐의 기포에 타르가 끈적끈적하게 달라붙어 있고, 타르 때문에 세포가 파괴되어 마치 거미줄과 같은 모양이었다.

"너도 언젠간 이런 운명에 처하겠지. 그러니 지금이라도 끊는 게 어때?"

그는 이런 말로 나를 설득했다. 아무리 친구지만 선을 넘어선 것 같았다. 하지만 그 사진은 도저히 인간의 몸이라고 볼 수 없었다. 그날 이후부터 나는 담배를 피울 마음이 생기지 않았다. 그 후 지금까지 담배를 피우지 않은 것은 모두 그때 그 친구 덕분이다.

2장

회사를
세우는 것과
회사를
키우는 것

"내 슬로건은 타도 컵누들이다!"

내가 지금까지 변함없이 해온 것은
'컵누들 신드롬'과의 싸움이었다.
오랜 시간 창업자와 내가 부딪칠 수밖에
없었던 이유도 이 때문이었다.

달콤한 말에 넘어간 '컵라이스'의 대실패

1974년 5월, 아메리카닛신의 미국시장 개척이 일단락되자 아버지는 나를 일본으로 불러들였다.

일본에서는 봉지라면 시장의 경쟁이 치열한 상황에서도 컵누들만은 폭발적으로 팔리고 있었다. 아버지는 기세등등해졌다. 아버지는 그 기세를 몰아 인스턴트 밥을 개발했다. 그런데 이것이 뼈아픈 실패로 이어지고 말았다. 나는 그 당시 아버지의 말과 행동 하나하나를 지켜보았고, 사업의 무서움을 절실하게 느꼈다. 돌이켜볼 때마다 치가 떨린다.

당시 정부의 곡물 창고에는 오래 묵은 쌀들이 산더미처럼 쌓여 있었다. 이를 고민하던 정부에서 아버지에게 남아 있는 쌀들을 가공해서 상품화해달라고 요청했다. 아버지는 '나라를 위한 일'이라며 인스턴트 밥 개발에 착수했고, 마침내 컵누들 생산 기술을 응용해 뜨거운 물을 붓기만 하면 먹을 수 있는 인스턴트 밥 상품인 컵라이스를 만들어냈다. 이어 새우 필라프·드라이카레·치킨라이스 등 일곱 가지 상품을 준비했다. 시식회에는 역대 농림 장관들이 모였다. 다들 맛과 식감이 훌륭하다고 극찬했다. 신문들은 아버지를 '쌀 농업의 구세주'라며 대서특필했다.

"서로가 이익을 좀먹는 라면 사업은 지쳤어. 이제부터는 나라를 위해 인스턴트 밥 사업에 전념하고 싶다. 라면 사업은 다른 사람에게 맡겨도 돼."

아버지는 이렇게 말했다. 아버지는 너무 들떠 있었다. 닛신식품의 주력 공장에 컵라이스 대량 생산을 위해 최신 설비를 들여왔다. 당시 투입한 30억 엔은 회사 자본금의 약 두 배로, 회사의 한 해 수익과 맞먹는 거액이었다. 아버지는 전국의 판매점 대표들을 초대해 호텔에서 신제품 발표회를 성대하게 열었다. 당시 신문에는 아버지의 자신만만한 모습이 남아 있다.

"닛신식품 연구진은 우리가 절실하게 원하는 것을 찾아내어, 지금까지 어렵다고 여겨져 왔던 밥 가공 기술을 개발했고, 기업화에 한 걸음 더 나아갔다."

1975년 10월에 발매한 '컵라이스'는 뜨거운 물을 부어 3분에서 5분만 기다리면 먹을 수 있다는 것이 특징이었다. 소매가격은 원재료인 쌀 가격이 높은 것을 감안해 컵라이스 종류별로 160엔에서 200엔 사이였다. 첫해의 판매 목표는 50억 엔이었다.

판매는 순조로웠다. 그런데 1개월이 지나자 주문이 갑자기 끊기고 말았다. 아버지를 비롯한 임원 전체가 당황했다. 컵라이스를 판매하는 슈퍼마켓들을 돌아다니며 이유를 알아보니, 컵라이스 바로 옆에서 경쟁 회사들의 봉지라면이 싼값에 팔리고 있었다. 컵라이스 한 개 값으로 봉지라면을 여섯 개나 살 수 있었다. 가격 경쟁에서 완패한 것이다.

소비자들은 3분 만에 밥이 된다고 해 컵라이스를 '놀라운 라이스', '깜찍한 라이스'라고도 불렀다. 그러나 그들은 한 번은 놀라지만 두 번은 놀라지 않았다.

"밥은 집에서도 할 수 있지만 라면은 못 만들거든요."

주부들의 의견은 한결같았다. 소비자들이 컵라이스의 상품 가치를 인정하지 않은 것이다.

공장 창고에는 재고가 쌓여갔다. 미국 공장에서의 악몽이 되살아나는듯했다.

"광고를 조금 더 하면 어떨까요?"

"학교 급식을 개척하는 것은 어떨까요?"

"미국에 수출해봅시다."

다양한 의견이 나왔다. 그도 그럴 것이 30억 엔이라는 막대한 설비투자가 헛일이 되면 경영책임을 피할 수 없었다. 어떻게든 이 상황에서 벗어나야 한다는 것이 모두의 마음이었다. 그러나 아버지는 결단을 내렸다.

"철수하자!"

모두가 자신의 귀를 의심했다.

"소비자들이 환영해줄 것이라고 믿었지만 그건 착각이었다. 이 상품은 팔리지 않아!"

아버지는 "국가적인 요구를 소비자의 요구로 착각한 것이 실패의 원인"이라며 스스로 반성의 뜻을 밝혔다. 컵라이스는 그 후 1개월에 단 며칠만 주문량에 맞춰 생산했으나 얼마 후 생산라인은 완전히 멈추었고, 30억 엔의 설비는 전부 폐기되었다. 아버지로서는 몹시 분했을 것이다.

실패를 인정한 아버지는 임원회의에서 이렇게 선언했다.

"인스턴트 밥 시장에서는 물러나지만 일시적 후퇴일 뿐이다. 내일을 기약하자!"

당시 아버지의 심경이 어록에 남아 있다.

"사업은 나아가는 것보다 물러나는 것이 더 어렵다. 물러나는 시기를 놓치면 그 다음은 늪에 빠져 허우적거릴 수밖에 없다."

아울러 아버지는 "기호, 내릴 때는 내려야 한다"는 말도 했다. 기호(騎虎)란 호랑이 등에 올라탄다는 뜻으로, 중국의 역사서 《수서》에 나와 있다. 이 말은 "한번 호랑이 등에 타고 달리기 시작하면 도중에 그 등에서 내리면 호랑이에게 잡아먹히기 때문에 등에 붙어 달릴 수밖에 없다"는 의미를 담고 있다. 그런데 아버지는 오히려 "호랑이 등에서도 용기를 내어 뛰어내려라"라고 경고했다. 거액을 투자한 컵라이스의 쓰라린 실패 경험에서 나온 말인 만큼 설득력이 있었다. 아버지가 정말 하고 싶었던 말은 "달콤한 말에 주의하라"일지도 모른다.

닛신식품의 경영을 이어받은 나는 당시의 분한 마음을 이후 단 한 번도 잊은 적이 없었다. 인스턴트 밥 개발은 내가 반드시 극복해야 할 과제로 남아 있었다.

금융공황이 정점에 달했던 2009년 3월에 컵라이스 상품인 '고향'을 개발했다. 단순히 데우는 것이 아니라 직접 밥을 한다는 조리법을 채용했다. 끓는 물로 데우는 것이 아니라 전자레인지 안에서 가열함으로써 밥알이 살아나는 것을 그대로 살려낸 것이다. 디플레이션 시대이니만큼 가격은 270엔으로 책정했다. 라면에 비하면 비싼 편이었지만 가격 이상의 가치를 지닌 상품은 반드시 팔릴 것이라고 믿고 있다. 만약 이번에도 인스턴트 밥 상품이 팔리지 않으면 또다시 도전할 것이다. 성공할 때까지 두더지와 같은 정신으로 파고, 파고, 또 팔 것이다.

만드는 데는 능했지만
지키는 데는 서툴렀던 아버지

아버지는 이전에도 주위 사람들의 부추김에 의기양양해져 큰 실패를 겪은 적이 있었다. 이야기는 1951년으로 거슬러 올라간다.

당시 41세이던 아버지는 어떤 사람으로부터 오사카에 새로 설립하는 신용조합의 이사장을 맡아달라는 부탁을 받았다. 아버지는 금융 일에는 경험이 없다며 거절했지만, 그는 "이름만이라도 괜찮습니다. 안도 씨와 같은 훌륭한 분이 이름을 내어주시는 것만으로도 조합에 신용이 생깁니다"라며 아버지를 부추겼다.

"정 그렇다면" 하며 못 이긴 척 떠맡은 신용조합은 얼마 후에 부도가 나고 말았다. 융자 관리를 허술하게 해 요즘 말로 불량채권이 발생한 것이다. 이사장으로 등재된 아버지도 문책을 피할 수 없어, 조합 계좌에 맡겨두었던 개인 자산을 전부 몰수당하고 말았다. 오랜 기간 쌓아온 신용과 재산이 하룻밤 사이에 사라진 것이다.

내가 초등학생 때의 일이었지만, 아직도 그날 일이 기억에 생생하다. 집안 가재도구들에 빨간딱지가 붙었다. 슬프거나 씁쓸한 기분조차 없었다. 단지 정들었던 장롱이나 장식품들이 하나씩 밖으로 옮겨져 나가는 것을 여동생과 함께 집 기둥 뒤에서 멍하니 지켜볼 뿐이었다.

그렇게 아버지는 '이름만이라도' 라는 말에 넘어가 부도라는 인생의 쓴맛을 보고도 20년 후에 또다시 '쌀 농업의 구세주' 라는 칭송에 들떠 인스턴트 밥으로 큰 실패를 경험했다. 아무리 뜨거운 것을 먹어도 목구멍만 넘어가면 뜨거움을 잊는 것이 인간의 본성이 아닐까 싶다.

"만드는 데는 능하나 지키는 데는 서툴다."

아버지는 스스로를 이렇게 표현했다. 아버지는 상품을 개발하거나 사업을 일으키는 것처럼 새로운 것을 만들어내는 것에 절대적인 가치를 두었다. 극단적으로 말하면 새로운 아이디어를 구체화하여 만들어내는 데 희열을 느낄 뿐 나중 일은 관심이 없었다. 아버지는 한 가지 일이 끝나면 곧바로 다음 아이디어를 찾았다. 끊임없이 새로운 사업을 시작했지만 일으켜놓은 사업에 집착하지 않아, 다른 사람에게 맡기고는 끝이 흐지부지해지거나 후발주자에게 시장을 빼앗겨버리는 일이 적지 않았다. 사업을 계속 키워나가는 데 서툰 탓이었다.

아버지는 "일을 즐겨라"라는 말을 자주 했다. 이 말이 신문에 소개되자 당시 마쓰시타전기산업 사장이 "대단히 독특한 표현이다. 기업의 경영자가 이렇게 말한 경우를 본 적이 없다. 구체적으로 어떤 뜻인지 알려달라"는 내용의 편지를 보내왔다. 이에 아버지는 "일을 즐긴다는 것은 나를 잊고 일에 전념할 수 있는 최고의 방법이다. 흥미를 가지고 하는 일에는 피로를 느끼지 않는다"고 대답했다. 이 말이 마쓰시타전기산업 사장에게 답변이 되었는지는 모르겠지만, 이처럼 아버지는 성공하든 실패하든 몰두하고 있는 일을 즐기는 데는 천부적인 재능을 타고나지 않았나 싶다.

예를 들면 끝이 없겠지만, 아버지는 전쟁 전후에 걸쳐 수많은 사업을 일으켰다. 내가 기억하고 있는 것만 열 건이 넘는다. 우선 아버지는 22살의 젊은 나이에 시작한 메리야스 무역으로 대성공을 거둬 상당한 재산을 손에 쥐었다. 이것이 사업가로서의 출발점이었다. 전쟁 전에는 양잠 사업을 했다. 뽕나무 잎으로 키우는 누에를 피마자 잎으로 키워 실과 피마자유를 동시에 얻는 일석이조의 효과를 기대했으나 전쟁이 터져 계속하지는 못했다.

전쟁 중에는 환등기를 만들어 군수공장에 납품하기도 했다. 그러던 어느 날, 군에 지급된 물자가 부족했고, 이 때문에 횡령 혐의로 헌병대에 잡혀가기도 했다. 그때 아버지는 며칠 동안 생사를 넘나들 만큼 고문을 받았다. 가정 연료가 부족하다는 이야기를 듣고 집 근처의 산을 사 숯을 굽기 시작해 산 전체를 숯으로 만들기도 했다. 전쟁으로 집을 잃은 사람들을 위해 조립식 주택을 만든 적도 있었다.

전쟁이 끝났을 무렵에는 오사카 해안에서 젊은 사람들을 모아 소금을 생산했다. 아버지는 제대한 젊은 청년들이 일 없이 빈둥거려서는 안 되겠다고 생각해 그들에게 일을 준 것이라 했다. 그만큼 아버지는 의협심도 강했다. 같은 시기에 국민영양과학연구소를 설립해 영양식품을 개발했다. 그런가 하면 교통기술전문학원을 세우기도 했다. 전쟁 후 나라를 부흥시키려면 교통 인프라 확충이 절실하다고 보았기 때문이었다.

그러나 아버지는 얼마 후에 젊은이들에게 용돈을 준 것이 급료로 간주되어 탈세 혐의를 받았다. 이 일로 구치소에 투옥되기도 했다. 총책임자가 없는 국민영양과학연구소와 교통기술전문학원은 어쩔 수 없이 문을 닫아야만 했다. 2년간의 재판 끝에 간신히 무죄판결을 받고 나오더니 이번에는 주위 사람의 달콤한 말에 넘어가 신용조합 이사장 자리에 앉은 것이다. 그러고는 얼마 후 부도를 맞아 47세 때 빈털터리가 되고 말았다. "만드는 데는 능하나 지키는 데는 서툴다"라는 아버지의 말처럼 현기증이 날 정도의 빠른 전개였다.

"사업을 시작할 때 돈을 벌자는 마음은 없었다. 뭔가 세상을 밝게 할만한 일은 없을까만 궁리했다."

아버지는 당시를 회상하며 이렇게 말하곤 했다.

이처럼 아버지는 끊임없이 새로운 사업에 손을 댔다. 하지만 정의감과 의협심이 지나쳐, 또 좋다고 한 일에 배신당해 몇 번이나 난처한 상황에 처하곤 했다. 그러나 달리 보면 남자로서 이만큼 파란만장한 삶을 살아왔기에 본인에게는 후회 없는 인생이었을지 모른다.

어머니는 이런 힘든 인생을 같이하며 온갖 정이 떨어질 만도 했을 텐데 이에 대해서는 전혀 내색을 하지 않았다. 아버지의 집념과 일에 대한 열정도 대단했지만, 언제나 "뭐 이런저런 일이 있었지"라고 웃어넘기며 아버지와 함께한 어머니 역시 정말 훌륭한 분이다.

세계 최초로
인스턴트라면 시대를 열다

아버지는 47세 때 빈털터리가 된 후 재기를 기약하며 인스턴트라면 개발에 착수했다. 오사카의 외진 셋방에서 아버지와 어머니, 외할머니와 형, 나, 여동생, 이렇게 여섯 명이 함께 살았다.

어머니가 아버지 앞에서 "이제 남은 돈은 이것뿐이에요"라고 말할 때마다 나는 늘 불안했다. 인스턴트라면 개발을 향한 도전은 아버지에게는 세상을 위한 일이었겠지만 그 때문에 우리 가족은 궁지에 몰려 있었다. 달리 보면 그 일은 아버지에게 자신과 자신의 가족을 살려내기 위해 사력을 다한 처음이자 마지막 일이었을 것이다.

그때 나는 초등학교 4학년이었다. 나는 아버지의 개발 작업을 옆에서 쭉 지켜보았다. 아버지는 자고 있을 때나 깨어 있을 때나 인스턴트라면에 사로잡혀 있었다. 아버지는 집 마당에 만든 작은 연구실에서 밤늦게까지 연구에 몰두했다. 그런 아버지를 보면서 나는 아버지가 대체 뭘 하고 있는 걸까 늘 궁금했다.

아버지는 공구점에서 사온 작은 제면기로 면을 만들어 찐 후 치킨수프를 흡수시켜 기름에 튀겼다. 이 간단한 작업을 시행착오를 거치며 몇 번이고 반복했다. 마당에는 버려진 면 찌꺼기들이 산더미처럼 쌓여 있었다.

개발을 마무리하자 우리 가족 모두가 아버지의 작업을 도와주었다. 신기하게도, 당시 일본에서는 정식으로 발매하지도 않았는데 수출부터 시작했다. 로스앤젤레스를 비롯한 캘리포니아의 일본인 교포 사회에 유통 경로를 가진 무역회사에서 주문한 것이었다.

당시 일본에서는 우동이든, 소바든, 라면이든 냄비에 넣어 끓여 먹는 게 일상적이었다. 도매상 주인에게 시식을 부탁했을 때도 뜨거운 물만 부어 만드는 라면에는 익숙하지 않은듯했다. 하지만 미국 교포 2, 3세들은 달랐다. 그들은 끓여 먹어야 한다는 개념이 없었기에 의외로 쉽게 받아들였다. 세계적인 상품으로 만들자는 야망은 이때부터 아버지의 뇌리에 자리 잡고 있었던 것 같다.

나는 치킨라멘을 하나씩 셀로판 봉지에 넣고, 여동생은 전열 포장기로 그것을 봉했다. 작은 박스에 30개의 치킨라멘을 넣어 포장한 후 작은 박스 여섯 개를 더 큰 박스에 담았다. 큰 박스는 작은 박스와 구분하기 위해 보드(board)라고 불렀다. 보드 옆면에는 'Made in Japan', '수출용'이라고 인쇄했다. 이는 아버지가 보드지에 쓴 글자를 본떠 만든 것이었다. 나는 이 일이 너무 재미있어서 자주 도왔다.

생산은 가내수공업 수준이어서 하루에 400개가 한계였다. 미국에서의 주문은 500박스였다. 눈이 핑핑 돌 만큼 바쁘게 일했다.

"좀 도와줘"라는 목소리가 들리면 나는 신이 나 달려갔다. 일을 돕는 것이 너무나 즐거웠고, 집 안에는 활기가 가득했다. 창업 당시의 흥분을 같이 느낄 수 있었던 나는 정말 행복했다.

나는 초등학생 때부터 인스턴트라면을 먹기 시작해 닛신식품에 들어와 사장이 된 후에도 계속해서 신제품을 시식해왔다. 내 몸 어디를 잘라도 라면으로 되어 있다고 할 만큼 라면에 대한 애착은 누구에게도 지지 않는다. '그까짓 라면'이라는 생각은 단한 번도 해본 적이 없을뿐더러 '그래봐야 라면'이라고 생각해본 적도 없다. '라면은 언제까지나 라면'이다.

"라면의 다음은 무엇입니까?"

신문기자들이 내게 물을 때마다 나는 항상 이렇게 대답한다.

"라면!"

'서당 개 3년이면 풍월을 읊는다' 는 속담이 있지만, 나 또한 창업 당시에 가족들과 함께 땀 흘리며 라면 제작에 열중했고, 아침저녁으로 바쁘게 일하는 아버지의 등을 보며 자랐다. 덕분에 나도 모르는 사이에 인스턴트라면에 관한 애정이 몸에 뱄다.

다시 컵라이스 이야기로 돌아가면, 컵라이스의 쓰라린 실패를 만회하려면 새로운 체제를 세워야만 했다. 나는 창업자 한 사람의 명령만 기다린 채 그를 뛰어넘을 생각조차 하지 않는 회사를 개혁해야만 했다.

"역시 라면을 소홀히 해서는 안 된다. 원점으로 돌아가자!"

아버지는 그런 방침을 내세웠다.

이듬해인 1976년, 나는 마케팅부를 신설해 초대 부장을 역임했다. 이때까지 닛신식품은 아버지가 개발한 치킨라멘과 컵누들을 내세워 봉지라면과 컵라면이라는 두 개의 큰 시장을 형성하고 있었다. 좋은 상품은 반드시 팔린다는 강한 신념이 회사 안에 충만해 있었다. 하지만 세상은 급속하게 변하고 있었고, 소비자가 원하는 맛과 제품도 다양해지기 시작했다. 마케팅부를 만든 목적은, 생산자가 일방적으로 상품을 개발해 소비자들에게 떠넘기는 것이 아닌, 모든 발상을 소비자의 요구에서 시작하자는 취지에서였다.

이미 말했듯이 아버지는 마케팅이라는 학문을 싫어했다. 아버지는 장사는 이론이 아니라고 주장했다. 내가 전문적인 마케팅 용어를 쓰면 노골적으로 싫어했다. 하지만 이 시기는 거액을 투자한 컵라이스가 실패한 직후였다. 아버지로서는 소비자의 요구가 얼마나 중요한지 절실히 깨닫고 있었을 것이다.

마침내 아버지가 결단을 내렸다.

"네가 그렇게까지 원한다면 한번 해봐라."

컵누들이 폭발적으로 팔려나가자 경쟁 회사들이 연이어 컵라면 시장에 뛰어들었다. 신제품 경쟁으로 시장은 전쟁을 방불케 했다.

특히 야키소바는 전면전 상황이었다. 닛신식품의 '조이컵'을 포함해 10여 개의 회사가 야키소바로 격전을 벌였다. 프라이팬에 볶지 않아도 되는 야키소바는 인기가 있었다. 컵에 뜨거운 물을 붓고 3분 후에 물을 버린 다음, 첨부한 소스를 넣어 비비기만 하면 먹을 수 있었다. 용기 형태는 대부분 컵누들처럼 위로 길쭉한 종형이었고, 그 밖의 몇몇 회사는 네모난 도시락형 용기를 이용하고 있었다. 업계에서는 "겨울에는 라면, 여름에는 야키소바"라고 부를 정도여서, 회사들마다 자기 상품을 소비자들에게 알리는 데 필사적이었다.

비슷한 시기에 컵우동이 탄생했다. 라면 회사들마다 종형 용기의 신제품을 발매했다. 닛신식품도 언제까지나 컵누들의 히트에 만족하고 있을 수는 없었다.

새롭게 발족한 마케팅부에는 컵라면, 봉지라면, 인스턴트 밥, 신제품 개발을 담당하는 네 명의 프로덕트매니저를 두었다. 당시 나는 맛과 향, 건더기만으로 제품에 차별화를 두는 것은 어려울 것이라고 보았다. 야키소바와 우동을 컵누들과 같은 종형 용기에 넣어 먹는 것에도 약간의 저항이 있었다. 그래서 나는 이들 제품별 담당자인 프로덕트매니저에게 먼저 다양한 용기를 개발할 것을 지시했다. 신제품의 맛 개발에 몰두하고 있던 매니저는 맥이 빠지는 모양이었다. 레스토랑의 셰프에게 맛은 상관없으니 요리를 담는 그릇을 연구하라는 것과 같은 이야기였으니 그럴만도 했다.

신혼여행과 맞바꾼 'UFO'의 히트

'야키소바는 접시에 담아 먹는 것. 우동은 대접이나 사발에 담아 먹는 것.'

소비자들을 대상으로 조사한 결과 이런 당연한 결론이 나왔다. 일본인의 몸에 밴 습성을 중시해, 누구나 맛있다고 느낄 수 있는 용기의 형태를 고르자는 것이 내 생각이었다. 용기 모양은 네 개로 좁혀졌다. 누들은 컵, 라면은 대접, 야키소바는 접시, 우동과 소바는 사발.

먼저 둥근 접시형 컵에 담은 '야키소바 UFO'를 개발했다. 이어서 사발형에 담은 '돈베이 키츠네'를 만들었다. 둘 다 업계에서는 처음 선보인 새로운 용기였다.

용기를 정하자 다음은 내용을 결정할 차례였다. 야키소바는 소스를 넣고 비벼 먹는 음식이다. 좀 더 정확하게 말하면 소스 향으로 먹는 음식이다. 그래서 야키소바를 철판에서 볶았을 때 의 그 향을 재현하기로 했다.

나는 매니저들에게 '뚜껑을 열면 소스 향이 온 집 안에 퍼지는 제품'을 만들어달라고 주문했다. 매니저들은 양파와 마늘을 바싹 구워 만든 로스트 소스를 만들어 왔다. 상당히 강한 향이었지만, 나는 "아직 아닙니다. 한 달에 몇 번이고 다시 먹고 싶어지는 그 런 진한 향이 필요합니다"라고 말하며 다시 만들어 올 것을 요청 했다. 마지막에는 정말 이대로 괜찮나 싶을 만큼 강렬한 액체 소 스를 개발했다. 그 맛이 'UFO'의 성공 비결이었다고 생각한다.

더 어려웠던 것은 상품명을 정하는 일이었다. 신제품의 이름 이 정해지지 않아 고민하고 있던 중, 광고 대리점 사람들, 프로 덕트매니저들과 함께 회의를 가졌다. 별 생각 없이 플라스틱으 로 만든 동그란 용기 뚜껑을 장난감 비행접시를 가지고 놀듯이 던져보았다. 그러자 공중을 미끄러지듯 날아가는 것이었다. 그 때 UFO라는 이름이 떠올랐다. 당시 일본에서는 UFO 붐이 일고 있었다. TV와 신문은 연일 UFO 목격 소식을 내보냈고, 그 영향 으로 UFO를 연상시키는 장난감 비행접시와 연이 잘 팔리고 있 었다. 그 자리에서 '야키소바 UFO'가 탄생했다.

아버지는 이름 자체에는 반대하지 않았다. 하지만 내가 책정한 상품 원가가 너무 비싸다며 화부터 냈다.

"이 가격으로는 아무리 팔아도 이익이 안 생기지 않느냐! 원가 개념이 있는 게냐?"

둥근 접시형 용기는 제작 비용이 많이 들었다. 게다가 건더기에도 양배추를 듬뿍 넣고 파인애플 조각에 설탕 코팅을 입혀 넣었기 때문에 가격은 컵누들과 같았지만 원가는 1.3배가 더 들었다.

"1억 개 팔면 원가는 뽑습니다."

"팔린다는 보장은 있느냐?"

"해보지 않아서 아직은 잘 모르겠습니다."

나는 아버지가 제일 싫어하는 말을 내뱉고 말았다.

"대책 없는 녀석이구나!"

나도 한창 젊었던 때라 강하게 밀어붙였다.

"꼭 해낼 겁니다!"

아버지는 마지못해 승낙했다.

나는 그해 4월에 결혼했다. 'UFO' 발매는 5월, '돈베이' 발매는 8월로 예정되어 있었다. 신혼여행 장소인 유럽에서도 내 머릿속은 'UFO'와 '돈베이'로 가득 차 있었다. 그 때문에 아내와의 대화도 자꾸 끊어지기 일쑤였다. 아내가 무슨 말을 해도 나는 애매한 대답만 했다.

그러던 중 여행지의 호텔로 전화가 한 통 걸려왔다. 아버지였다.

"'UFO' 저작권은 영국 회사에 있고, 일본에서의 사용 권리는 토호쿠신 사가 가지고 있다는구나. 지금 당장 돌아와 교섭해라! 그렇지 않으면 권리침해로 난감해질 수가 있어!"

나는 우선 사전교섭을 담당 상무에게 맡기고, 2주간으로 예정한 신혼여행을 뒤로한 채 열흘 만에 일본으로 돌아왔다. 즐거워야 할 신혼여행은 엉망이 되고 말았다. 아내는 아직도 그때 일이 잊히지 않는가 보다.

토호쿠신 사는 TV 광고 제작과 영화 배급 등을 맡고 있는 프로덕션으로, 나는 교섭 끝에 그에 상응하는 사용료를 지불하는 것으로 사용 허가를 얻었다. 발매 20일 전에 맺은 아슬아슬한 계약이었다. 이를 계기로 토호쿠신 사에서 우리 회사의 CF를 많이 제작했다. 광고는 해외에서도 호평을 받아, 1993년 제40회 칸 국제광고제에서 그랑프리를 수상했고, 4년 뒤인 1997년에는 같은 곳에서 내가 올해의 광고주로 뽑히는 영광을 누리기도 했다.

'UFO'는 발매한 해와 그 다음 해의 연간 판매량이 약 7,000만 개에 달했다. 아버지와 약속한 1억 개에는 못 미치는 숫자였지만 야키소바 시장의 70퍼센트를 차지해 단숨에 톱 브랜드로 올라섰다.

발매한 지 2년이 지난 1977년 말 핑크레이디의 노래 〈UFO〉가

폭발적인 인기를 얻었고, 그 후 〈미지와의 조우〉·〈스타워즈〉 등의 SF 영화가 붐을 이루었다. 이는 야키소바 UFO에 예상하지 못한 강력한 지원군이 되어주었다.

3년이 지난 해 봄부터 CF 캐릭터로 핑크레이디를 기용했는데, UFO 튜브를 경품으로 내건 행사에 무려 154만 명이 응모할 정도로 대단한 인기를 누렸다. 그 결과, 연간 판매량이 9,200만 개에 이르렀다. 1억 개까지는 얼마 남지 않았다. 인기 연예인을 대거 투입한 CF 광고를 내보내자마자 'UFO'의 브랜드 이미지는 눈 깜짝할 사이에 시장에 정착했다.

마케팅부장을 맡으며 시작한 첫 번째 일에서 대성공을 거둔 나는 큰 자신감을 얻었다. 하지만 야키소바의 수요가 순식간에 많아지면서 신제품 경쟁도 치열해져 매출도 조금씩 떨어지기 시작했고, 목표했던 연간 1억 개 판매는 발매한 지 9년 뒤인 1985년에야 달성했다.

인스턴트라면처럼 박리다매를 노릴 수밖에 없는 대중적인 상품은 발매와 동시에 단숨에 브랜드 이미지를 정착시키지 않으면 살아남을 수 없다. 따라서 소비자에게 강렬하게 다가가는 광고와 캠페인 행사 등의 판매 촉진책이 중요하다. 그것이 내가 'UFO'의 성공에서 얻은 마케팅 노하우였다.

하지만 자만은 금물이었다. 상표권에 신경 써야 한다는 사실을 잘 알고 있으면서도 실수를 저지르고 만 것이다. 'UFO' 로고가 들어간 장난감 비행접시를 경품으로 내건 행사를 진행하고 있던 중이었다. 전단지·포스터·CF를 비롯해 모든 광고 매체에 장난감 비행접시를 뜻하는 'UFO 프리스비'라는 용어를 사용했다. 그러자 곧바로 미국의 한 완구 생산 회사에서 클레임을 걸어왔다. '프리스비'는 그 회사가 소유한 등록상표이며, UFO 프리스비는 유사상품으로 인정되므로 사용을 중지하라는 것이었다.

프리스비의 일반 명칭은 '플라잉 디스크'였다. 'UFO 프리스비'라는 말 앞에 UFO가 붙어 있다 하더라도 같은 형태의 장난감이며 미국 회사의 상표를 침해하고 있을 가능성이 높아 보였다. 하지만 CF 광고까지 만든 상황에서 중지할 수는 없는 노릇이었다. 서둘러 변호사를 선임해 원만하게 잘 해결했지만, 되돌아보면 아찔한 순간들이었다.

맛의 경계를 찾고, 소비자의 마음을 담아라

'UFO'를 발매한 지 3개월 후 패키지 전략 2탄으로 '돈베이 키츠네'를 발매했다. 일본 사람들은 우동을 반드시 사발에 담아 먹는다. 사기로 만든 사발과 같은 형상을 재현하기 위해 플라스틱 용기의 옆면에 부드러운 곡선을 넣어 볼륨감 있는 컵을 완성했다.

면은 두껍고, 빨리 익을 수 있도록 평평하게 했다. 건더기에는 우동에 빠져서는 안 되는 유부·어묵·파를 넣고, 분말수프는 작은 봉지에 따로 담아 별첨수프 방식을 취했다. 가다랑어·다시마·간장을 베이스로 만든 깊은 맛의 수프를 완성했다. 하지만 조사해보니 우동 국물의 기호가 도쿄가 위치한 간도 지방, 즉 일본 동쪽 지역과 서쪽에 위치한 오사카의 간사이 지방 사이에 큰 차이가 있었다. 이는 간장 맛의 차이 때문이었다. 일본의 전통적인 식재료인 간장은 오랜 세월 동안 각지에서 독자적인 맛으로 발전해왔다. 간도 지방의 간장은 예전부터 맛이 진했다. 반면에 간사이 지방은 엷은 맛이었다. 진한 간장에 비하면 색과 향은 덜하지만 염분 농도가 더 짙었다. 그 밖에 도카이 지방, 규슈 지방의 간장은 풍미와 색이 강해, 회를 먹을 때 주로 사용했다.

그러면 돈베이의 국물은 어떤 맛으로 해야 할까? 같은 국물로 통일시키는 것이 당연히 효율적이다. 하지만 도쿄에서 우동을 시켜보면 면이 안 보일 정도로 국물 색깔이 진하다. 맛도 가다랑어의 풍미가 강하다. 오사카의 우동은 어렸을 때부터 먹어왔기에 잘 알고 있었다. 국물은 담백하고, 다시마를 주로 우려내어 살짝 단맛도 느껴진다. 엷은 색을 띠며 그릇의 밑바닥까지 보일 만큼 색은 엷지만 깊이 있는 맛이 입 안 가득히 남는다.

이렇게 지역에 따른 기호가 다르기에 같은 국물로 할 수는 없었다. 그래서 동쪽 지방과 서쪽 지방의 맛을 다르게 내기로 했다. 그렇게 결정했지만 동쪽 지방과 서쪽 지방의 경계가 어디인가가 문제였다. 어디서부터 동쪽과 서쪽의 간장 맛이 바뀌는지 아무도 모르고 있었다.

일본인의 사투리와 생활문화의 경계는 니가타 현의 이토이가와 시와 시즈오카 현을 잇는 단층인 이토이가와−시즈오카 구조선이라는 말을 들은 적이 있었다. 하지만 미각에 대해서는 확실한 문헌이 없었다. 할 수 없이 도쿄에서 오사카까지 신칸센이 지나가는 모든 역과 역 주변의 우동 전문점에 들어가 하나하나 다 먹어보았다. 그 결과, 우동 국물 맛의 경계는 동쪽으로는 나고야, 서쪽으로는 가나자와임을 알게 되었다. 가나자와는 예로부터 작은 교토라고 불릴 정도로 교토 식 문화가 자리 잡고 있는 곳이며, 음식도 마찬가지였다.

이러한 연구 끝에 동쪽 지방은 가다랑어를 베이스로 한 진한 국물로, 가나자와부터 시작하는 서쪽 지방은 다시마를 베이스로 한 담백한 국물로 정했다. 전국적으로 팔리는 브랜드의 맛을 지역에 따라 달리하는 시도는 업계에서도 처음 있는 일이었다. 심혈을 기울인 고심 끝에 내놓은 상품이었다.

'돈베이'는 내가 붙인 이름이다. '돈'은 '우동'과 사발을 뜻하는 '돈부리'에서 따온 말이다. 거기에 옛날 일본 사람들의 이름에 많이 쓰인 '베'를 붙여 만든 조어다. 이 이상의 이름은 없었다. 하지만 회사 안에서는 아버지를 비롯해 거의 모든 사람들이 반대했다. '돈'은 오사카 사투리인 '돈쿠사이'라는 말을 연상시켜 재수가 없다고 했다. 방언사전을 찾아보니, '돈쿠사이'는 '얼빠지다', '굼뜨다', '서툴다'라는 뜻이었다. 또 '돈베이'는 오사카에서는 최저 또는 마지막이라는 의미로 통했다. 하지만 나는 '돈베이'라는 이름이 훈훈하고 인간미가 넘치는, 우동에 딱 맞는 이름이라고 생각했고, 내 뜻을 끝까지 밀어붙였다.

결국 돈베이는 성공했다. 가장 큰 요인은 CF 광고였다. 당시 인기 연예인을 내세운 익살스러운 내용의 CF 광고가 큰 인기를 얻어 판매량도 급상승했다.

발매 2년 후인 1977년에 총 판매량이 1억 개를 넘었다. 유부를 얹은 '키츠네 우동'의 본고장은 오사카다. 오사카가 예로부터 우동을 좋아하는 지역인 탓인지 그해 2월에 조사한 결과, 일본 서쪽 지방에서 돈베이가 컵누들을 제치고 판매량 1위를 차지했다. 물론 얼마 후 역전되었지만 한순간이나마 컵누들의 아성을 무너뜨린 것은 실로 대단한 일이었다. 당시는 업계 전체에 신제품이 적어 브랜드 이미지를 각인시키기 쉬운 상황이었고, 슈퍼마켓에 정착하는 데도 오랜 시간이 걸리지 않았다.

나는 상품의 이름을 찾아내는 것을 좋아한다. 내가 떠올린 상품명이 세상에 퍼져나가 일상적으로 사람들의 입에 오르내리는 것을 보면 행복해진다.

'데마에잇쵸'라는 봉지라면이 있다. 개발 당시 아버지는 상품을 하나하나 직접 고객에게 전달하는 마음으로 만들자는 발상에서 배달라면이라는 뜻의 '데마에라멘'이라는 이름을 붙였다. 시켜 먹는 라면이 집에서 만드는 것보다는 맛있을 것이라는 발상에서였다. 하지만 그리 설득력이 없었고, 나중에는 라면 천국은 어떠냐는 의견도 나왔다. 당시 일본에서 인기를 끌고 있던 노래의 가사 중 "나는 죽어 천국으로 갔다"에서 힌트를 얻은 이름이었다. 상품명에 대한 의견이 분분하자 아버지는 나를 불러들였다.

당시 나는 대학 1학년이었다. 대학에서는 요트부에 들어 있었다. 그런데 아버지가 골프를 권했다. 아버지와 난생처음으로 골프장으로 가는 차 안에서 아버지가 느닷없이 "뭔가 괜찮은 이름을 찾아보라"며 숙제를 냈다. 한 시간 반 동안 차 안에 갇혀 있었다. 좋은 이름이 나오지 않자 아버지와 골프를 치며 이런저런 대화를 나누었다.

"라면 천국은 좋은 아이디어이기는 하지만 유행이 지나면 끝이잖아요."

나는 좀처럼 좋은 제목이 떠오르지 않자 장난삼아 이렇게 제안했다.

"데마에 뒤에 잇쵸를 붙여보는 건 어떨까요?"

라면 전문점에서 라면을 주문하면 점원이 주방을 향해 큰 소리로 "여기, 라면 하나!"라고 외친다. 그래서 하나를 뜻하는 '잇쵸'라는 친숙한 말을 상품 이름에 담아보면 어떨까 싶었다.

"디자인을 그려보거라"고 하기에 주변에 있던 때 묻은 종이에 철가방을 든 채 자전거를 타고 있는 어린아이의 그림을 그렸다. 다음 날, 전날 내가 그린 그림을 응용해 디자인 전문가가 캐릭터를 완성했다. 그리고 그 자리에서 채택되었다. 데마에잇쵸는 참깨고추기름의 풍미가 느껴지는 진한 맛으로, 고정 팬들도 많아 지금도 잘 팔리고 있다.

되돌아보면 그때는 사원도 아니었는데, 상품 이름과 디자인의 아이디어료를 받아둘걸 그랬나 싶기도 하다.

아버지와 형의 극심한 대립, 그리고 '타도 컵누들!'

나는 닛신식품 창업자의 둘째아들이다. 솔직히 내가 사장이 되리라고는 꿈조차 꾸지 않았다.

1981년에 형이 아버지의 자리를 이어받았을 때도 나는 형을 도와 해외사업에 치중하려고 했다. 그 전해 닛신식품의 총매출은 1,140억 엔, 경상이익은 110억 엔이었다. 그토록 바라던 매출 1,000억 엔, 실이익 100만 엔의 벽을 넘었다. 아버지는 70세에 들어섰다. 세계 최초의 봉지라면인 치킨라멘을 개발해 닛신식품을 창업한 지 22년이 지났다. 아버지는 경영에 대한 열정은 조금도 사그라지지 않았지만, 한편으로는 한시름 놓을 수 있겠다는 기분도 들었다. 그래서 아버지는 당시 부사장이던 형에게 사장 자리를 내어준 뒤 회장으로 경영 일선에서 물러났다. 동시에 나는 전무로 승진했다.

그리고 2년 후, 예상하지 못한 일이 벌어졌다. 형이 사장 자리에서 돌연 물러난 것이었다. 인스턴트라면 회사를 이끌어가기에는 아버지와 의견이 맞지 않았던 것이다. 두 사람 사이에는 채워지지 않는 흠이 생기고 말았다. 할 수 없이 아버지는 사장 자리로 돌아왔다. 나는 눈앞에서 경영관이 다른 두 사람 사이의 비극을 보았다.

그렇다면 나는 확고한 경영 마인드를 갖고 있는가? 아버지와 형의 심한 대립과 그 결과를 지켜보면서 그런 의문이 들기 시작했다. 나는 좀 더 공부해야겠다고 결심했다. 그래서 일본의 종합상사인 이토추상사의 전 회장 세지마 류조가 이끄는 연구 모임에 참여했다. 세지마 전 회장은 언제나 "전략이 없는 나라에 내일도 없다"고 말해왔다. 그는 아버지와는 전혀 다른 스타일의 경영자였다. 하지만 그와 아버지 모두 기업이 나라와 사회를 위해 무엇을 할 수 있을까 하는 큰 시야를 가지고 있었다. 그런 점에서 나는 감히 이 두 사람을 일본이 떠받들어야 할 국사(國士)라고 생각한다. 나는 아버지와 그를 스승으로 삼아 둘을 비교하며 내 나름의 경영방식을 찾아냈다.

"경영자는 항상 최악의 상황을 대비하고 있어야 한다. 미리 준

비한 사람은 위급한 상황에 처했을 때 다급해지지 않는다. 그래서 나는 평소에도 사무실과 차에 밧줄과 사다리를 항상 구비해놓는다."

어느 날, 세지마 전 회장에게서 위기관리의 중요성에 대해 듣고 온 나는 아버지에게 "오늘은 세지마 류조 선생님으로부터 이런 말씀을 듣고 감명을 받았습니다"라고 말씀드렸다. 그러자 아버지는 불같이 화를 냈다.

"그가 한 말과 내 이야기가 뭐가 다르더냐? 내가 네게 항상 말하는 것과 같지 않느냐! 나는 네게 그보다 더 좋은 말을 더 많이 해주고 있다!"

세지마 류조에 관한 이야기는 아버지의 질투심을 자극하곤 했다.

형이 퇴임하고 2년 후인 1985년, 이번에는 당시 부사장이던 내게 사장 자리가 돌아왔다. 그때 나는 아직 37살이었다. 사장이라는 큰 역할을 잘 해낼 수 있을지 자신도 확신도 없었지만, 아직 건재한 아버지가 옆에 있었기에 마음만은 든든했다. 정확하게 보면 형은 2대 경영자, 나는 3대 경영자여야 했다. 하지만 형의 사장 재임 기간이 너무나 짧았고, 나도 같은 창업자의 아들이기 때문에 나 또한 2대 경영자라고 생각하고 있다.

아버지는 나를 사장 자리에 앉힌 다음 대주주들과 거래처에 이렇게 설명했다.

"경영진을 젊게 해야 하기에 사장 자리를 내놓기로 했습니다. 고키는 어렸을 때부터 내가 진행한 개발 작업에 함께 참여해왔기에 인스턴트라면 사업 경험도 회사 안 어느 누구보다 많습니다. 입사 이래 줄곧 신제품 개발에 힘써왔으며, 인스턴트라면에 대한 지식도 가장 풍부합니다."

당시에는 기업의 가족간 경영 승계에 대해 비판의 목소리가 높아지자, 아버지는 인터뷰에서 이렇게 대답했다.

"그에 관해서는 찬반양론이 많지만 나는 그에 얽매이지 않습니다. 그릇에 담지 못할 것을 억지로 담아봐야 당사자나 주위 사람들이 불행해질 뿐입니다. 더 우수한 인재가 있다면 언제라도 등용할 것입니다."

사장에 오른 내게 아버지가 한 첫말은 이것이었다.

"사장은 권한이 아니다. 책임이다!"

내 무른 성격을 잘 알고 있기에 일침을 놓은 것이다.

주식회사들은 본결산과 중간결산 때 증권회사의 분석가들을 모아놓고 업적 설명회를 여는 것이 상례로, 그 자리에서 내가 증권분석가들로부터 항상 받는 질문이 있다.

"혹시라도 인수합병 위기에 처해지면 어떻게 하시겠습니까?"

내 대답은 언제나 같다.

"저보다 우수하고 기업의 가치를 올릴 수 있는 경영자라면 언제든지 양보하겠습니다."

이는 아버지에게 질리도록 들어 어느새 내 몸에 배어버린 경영자의 각오와 같은 것이다. 내가 이렇게 대답하면 질문을 건넨 분석가들은 쓴웃음을 지으며 입을 다물곤 한다. 내 말이 믿기지 않는 모양이다.

사장 취임과 동시에 내 소신을 표명했다. 첫째는, 창업자 정신을 계승하고, 장기적으로 안정된 성장을 위한 초석을 마련해야 한다는 것이었다. 기업이 백년대계를 세우려면 이 둘의 균형을 맞추는 것이 중요하다. 다시 말하면 초창성취가 내 경영 과제였다.

아버지는 '식족세평(食足世平)', 즉 '먹을 것이 넉넉해야 세계 평화가 온다' 를 좌우명으로 삼고 있었다.

"인간은 먹지 않으면 죽는다. 먹을거리가 풍족해야 세상은 평온해진다. 따라서 식품산업은 평화산업이며, 식품산업에 종사하는 것을 천직으로 여겨야 한다."

그 말 안에 들어 있는 아버지의 창업 정신은 지금도 변함없이 닛신식품의 기업 이념으로 이어져 내려오고 있다.

둘째는, 업무에 도움될만한 구체적인 지침으로 '이노베이션과 마케팅의 조화' 를 주창했다. 이는 생산업체에서는 당연한 일이다. 획기적인 신제품을 만들어내려면 이노베이션, 즉 기술혁신이 절실하다. 그리고 그 기술을 브랜드화해 상품이 팔리는 구조를 만드는 것이 마케팅의 역할이다. 이 두 가지가 닛신식품을 키우는 원동력이 될 것이라 내다보았다.

여기까지는 아버지도 별달리 반론하지 않았다. 문제는 그 다음이었다. 내 의지를 모든 사원들에게 전달하기 위해 슬로건을 만들었다. '타도 컵누들!' 이 그것이었다.

컵누들의 개발자인 아버지의 기분을 건드릴 줄 알면서도 굳이 '타도 컵누들!'을 내세운 이유를 자세하게 이야기해보고자 한다.

내가 마케팅부를 창설하고 프로덕트매니저 제도를 시행하고 나서 9년이 흘렀다. 그동안 UFO, 돈베이의 히트도 있었지만 그밖의 기술혁신이나 신제품 개발을 이루어지지 못했다. 한 해에 발매하는 신제품 수도 한 자리에 머물러 있었다. 나로서는 그것이 불만이었다.

매니저는 확실히 열심히 일하고 있었다. 하지만 신제품 수는 늘어나지 않았다. 그 이유를 들여다보았더니 의외로 간단했다.

"신제품을 발매하면 컵누들 시장을 빼앗아버리게 됩니다. 판매는 늘어날 수 있으나 이익이 줄어들기 때문에 영업사원들도 원하지 않습니다. 동종 시장을 잠식할 상품은 되도록 피하고 싶습니다."

어이가 없었다.

컵라면 매니저는 컵누들의 판매와 이익을 최우선으로 한다.

마찬가지로 봉지라면 매니저는 치킨라멘을 최우선으로 삼았다. 신제품에 비해 압도적으로 수익률이 높은 탓도 있겠지만 창업자가 개발한 상품을 지켜야 한다는 책임감도 있었을 것이다.

책임감이라고 하면 좋게 들릴지는 모르지만, 다른 시각으로 보면 가만히 앉아 자기방어만 하고 있을 뿐이다. 컵라면 담당 매니저는 컵라면의 판매와 이익을 관리하고 있다. 무리해서 신제품을 팔지 않아도 컵누들로 충분히 수익이 생긴다. 아마도 무의식적으로 그렇게 생각하고 있었으리라.

톱 브랜드에 의존하는 해이해진 심리가 회사 안에 만연해 있음을 알 수 있었다. 이 상태로는 새로운 상품으로 새로운 시장을 개척해 나가자는 염원은 이뤄낼 수 없었다. 해외에서도 비슷한 현상이 일어나고 있었다. 컵누들의 브랜드 파워는 절대적으로, 상품 가치를 떨어트리지 않도록 일본과 똑같은 고품질, 고가격에 판다는 자신감이 과신으로 이어졌다. 그 결과 경쟁 업체들의 저가 경쟁에 휘말려 고전을 면치 못한 것이다.

나는 이를 '컵누들 신드롬'이라 이름 붙였다. 내가 사장에 올라 지금까지 변함없이 시행해온 것은 컵누들 신드롬과의 싸움이었다. 오랜 시간 창업자인 아버지와 내가 부딪칠 수밖에 없었던 것도 이 때문이었다.

창업자와 대립할 때
잊지 말아야 할 네 가지

창업자가 얼마나 대단한 사람인지, 그 밑에서 일하는 2대 경영
자 또한 얼마나 힘이 드는지 조금은 이해했으리라 생각한다.

2대 경영자는 창업자와 다툴 수밖에 없다. 바꿔 말하면 싸워
이길 근성이 없으면 그 자리를 감당할 수 없다. 지금 와서 하는
이야기지만, 사실은 나도 창업자인 아버지와 격한 언쟁 끝에
"그럼 제가 회사를 그만두겠습니다"라고 해 주위 사람들을 당황
스럽게 한 적이 몇 번 있었다.

나는 언쟁은 서로의 의사를 이해할 수 있는 좋은 기회가 될 수
있다고 생각한다. 또한 나는 경영상 중요한 판단을 해야 할 때

창업자라면 이럴 때 어떻게 할까 되짚어보는 습관이 몸에 배어 있다. 나 외에 다른 사람의 눈을 가져보는 것은 경영자에게 중요한 일이다.

그렇다고 창업자와 싸우라고 권하는 것은 아니다. 싸움에는 규칙이 있다. 그 규칙을 모르면 정말 힘들어진다. 그래서 내 경험을 토대로 창업자와 의견이 대립할 때 반드시 잊지 말아야 할 네 가지를 추려보려 한다.

첫째, 회사의 무형자산 중 가장 중요한 가치는 '창업자 정신'이다. 창업자는 유일무이한 사람이다. 사원은 회사가 있기에 먹고살 수 있고, 세상은 회사가 있기에 훌륭한 상품과 행복한 생활을 보장받는다. 그렇게 생각해보면 창업자는 회사를 세우고 세상에 공헌했기에 영원히 존경받아야 하는 존재다. 창업의 동기부여가 된 창업자 정신은 기업 이념의 근본이며, 영원히 이어져야 한다. 창업자 정신을 소중히 여겨야 경영 효율도 비약적으로 높아진다. 회사의 무형자산 중 가장 중요한 가치는 창업자 정신임을 2대 경영자는 잊어서는 안 된다.

둘째, 2대 경영자의 공적은 '창업자의 위업'에 포함된다는 점이다. 나는 창업자를 싸워 이겨야 할 라이벌이라고 생각한 적이 단 한 번도 없다. 창업자가 2대 경영자를 라이벌로 여기는 경우는 있어도 그 반대는 있을 수 없다. 아무리 2대 경영자가 뛰어나도 모든 것은 창업자가 만들어놓은 사업 구조의 '은혜와 가호'

안에 있다는 사실을 잊어서는 안 된다. 아무리 자신의 공적이 있더라도 절대 자신의 힘을 과시하지 말고, 2대 경영자의 공적 또한 창업자의 위업 중 하나임을 깨달아야 한다.

셋째, 2대 경영자는 '수성경영'으로 일관해야 한다. '수성(守成)'이란 '조상들이 이루어 놓은 일을 이어서 지키는 것'으로, '수성경영'은 '창업자의 뒤를 이어 그 사업을 굳게 지키는 것'을 의미한다. 나는 창업자 정신을 닛신식품의 유전자로 남을 수 있도록 확실히 계승해서 사업 안에 재현하는 데 전력을 다하고 있다. 그렇다고 현실에서의 경영이 제자리에 머물러 있을 수만은 없다. 급격하게 변화하는 시대 흐름에 대응하면서 스스로 진화해야 한다. 수성경영이란 단지 지키는 것만이 아니라 창업자가 만들어놓은 경영의 기반을 더욱 견고히 다지면서도 기존의 성공에 안주하지 않고 계속 성장해가는 것이다.

창업자와 의견이 대립할 때 반드시 잊지 말아야 할 마지막은, 창업자의 말에 다른 의견부터 달지 말고 "예"라고 대답하라는 것이다. 창업자는 대체적으로 완고하며 고집이 세다. 이론이 아닌 경험을 통해 회사를 키웠고, 그 과정에서 깨달은 지식을 최고로 삼는다. 자신의 신념만을 관철하며 살아온 만큼 자신이 믿는 길에서 벗어나는 것은 절대 용납하지 않는다. 창업자의 의견에 곧바로 "아닙니다"라고 대답하는 순간, 당신은 강철갑옷에 둘러싸여 이도 저도 못하는 꼴이 되고 말 것이다.

창업자의 지시에 우선 "예"라고 말하라. 창업자가 하는 말을 인정하라. 창업자에게는 말대답하지 마라. 창업자가 말하는 것을 잘 듣고 그 뜻을 음미해보면 의외로 일리 있는 이야기가 많다. 오랜 경험에서 우러나온 동물적인 감각이 대단하고, 그 감이 맞아떨어지는 경우가 많다. 이런 동물적인 감각 앞에서는 어떤 논리도 통하지 않는다.

창업자와 의견을 주고받을 때는 설령 그 말이 틀렸더라도 "예" 하며 머리를 숙여라. 창업자가 마음을 열었다고 느껴질 때 창업자와 다른 의견을 이야기하는 것이 좋다. 그것이 창업자에 대한 예의다.

조금 더 보충하면, 창업자에게 2대 경영자는 한시라도 빨리 제대로 키워야 하는 대상이다. 2대 경영자의 나이와 경험 부족은 고려사항이 아니다. 오히려 손수 키웠다는 의식이 강해 경영자가 되자마자 완벽하기를 원한다.

창업자에게는 시간이 없지만, 2대 경영자에게는 아직 시간이 많이 남아 있다. 이 둘이 부딪치는 원인은 시간 감각의 차이에서 오는 경우가 대부분이다. 이 간격을 어떻게 채우는가가 관건이다.

아버지는 입버릇처럼 "시간은 목숨이다"라고 말했다.

"시곗바늘은 시간이 아니라 목숨을 재고 있는 것이다."

뭐든지 빨리 해결책을 얻으려 하는 조급한 성격은 2대 경영자를 대할 때도 마찬가지다. 하루빨리 제 몫을 다하는 경영자가 되기를 바라면서도, 경험 많은 창업자가 보기에는 아직 어린 2대 경영자가 하는 일이 미덥지 않아 보이는 것이다. 그것이 창업자에게 초조함을 불러오고, 그로 인해 잔소리가 점점 많아진다.

그런데도 나는 "그렇게 초조해하지 마세요"라며 정리해버리는 경우가 많았다. 해서는 안 되는 말이었다. 내가 부족한 탓에 초조해하고 있는데, 그 장본인인 내가 오히려 초조해하지 말라니 기가 찰 노릇이었으리라. 아버지는 자신이 살아 있는 동안, 자신이 경험한 모든 지식을 내게 전하려고 했다. 하지만 기대만큼 잘 전달되지 않자 갈수록 초조해진 것이다. 나는 반론하기 전에 그런 나를 질책했어야 했다.

2대 경영자는 창업자의 이야기를 듣는 것이 일이라고 여기는 편이 나을지도 모르겠다. 몇 번이든 듣고 그 의미를 되짚어보면 창업자의 생각을 이해할 수 있을 것이다. 창업자의 이런 마음은 결국 2대 경영자에 대한 애정 때문임을 알 수 있다. 그런데 나는 자존심만 내세우다가 창업자인 아버지의 마음을 이해하는 데 20년이 걸렸다. 여기에 소모된 에너지는 그 어떤 방법으로도 되돌릴 수 없다.

닛신식품 창업자인 아버지는 죽는 날까지도 기세등등하게, 활화산과 같은 열정을 불태웠다. 항상 "건강하게 살고, 건강하게 죽고 싶다", "병들어 누운 채로, 간호 받으며 세상에 폐를 끼치고 싶지 않다", "목숨을 오래 연명하기보다는 건강하게 오래 사는 것이 낫다"고 말했다. 그 뜻대로, 96세를 일기로 돌아가시기 사흘 전에도 골프를 치고, 전날까지도 회사에 출근해 일평생 현역으로 일했다. 말 그대로 건강하게 살다 건강하게 돌아가셨다. 사람이 내 마음대로 살 수는 있어도 내 마음대로 죽을 수는 없다지만, 아버지는 보란 듯이 자신의 뜻대로 살다 자신의 뜻대로 가셨다. 아무리 생각해도 내 아버지는 보통 사람이 아니다.

3장

브랜드
매니저들의
자비 없는 전쟁

어느 분야든 1등 전략을 취하라.
2등 브랜드 열 개보다 1등 브랜드 한 개의
자산가치가 더 높다.
그러려면 기술혁신과 치열한 경쟁밖에 없다.

"도망치지 말고 돌파하라!"

아무리 작은 분야라도
1등 브랜드가 되어라

회사 안에 만연한 컵누들 신드롬에서 벗어나려면 어떻게 해야 할까? 상명하달에 익숙해진 조직에서 벗어나려면 어떻게 해야 할까? 많은 고민 끝에 나는 마케팅부부터 개혁하기 시작했다.

1990년, 그때까지의 프로덕트매니저 제도를 조금 더 세분화해 브랜드 매니저 제도로 전환했다. 목적은 매니저들에게 경쟁 구도를 유도해 신제품 개발 의지를 불어넣으려는 것이었다.

경쟁에는 여러 가지가 있지만, 정치적 성향을 띠는 경쟁이나 일부 대기업에서 볼 수 있는 파벌 싸움은 바람직하지 않다. 나는 그런 것을 몹시 싫어한다. 우두머리가 출세하면 부하들도 덩달아 잘되고 반대로 우두머리가 무너지면 부하들도 같이 무너지는, 방어적이며 도박 같은 경쟁은 회사 조직에 전혀 도움되지 않을 뿐만 아니라 윤리적이지도 않다.

내가 생각한 것은 회사 내 모든 조직에 경쟁 구도를 조성하는 것이었다. 영업과 마케팅·개발·생산·관리·인사·총무에 이르기까지 조직 전체가 각자의 목표를 달성하기 위해 하나가 되어 경쟁하는 활기 넘치는 회사를 만들고 싶었다.

계획 단계만 3개월이 걸렸다. 단숨에 진행하고 싶었지만 모든 조직을 개혁하는 데는 상당한 돈이 들어갔다. 아니나 다를까, 아버지에게 쓴소리를 들었다.

"다 부질없는 짓이야! 쓸데없는 데 돈 쓰지 마라!"

"그건 저도 알고 있다고요"라는 말이 튀어나올뻔했지만 꾹 참았다. 당시 내가 고민하고 있던 것이 바로 그것이었다. 구조 개혁을 하는 것까지는 좋지만 수지타산이 맞지 않는 것이 마음에 걸렸다.

그래서 나는 10년에 걸쳐 단계적으로 개혁하기로 마음먹었다. 그러면 어떤 것부터 해야 할까 고민하던 중 가장 먼저 눈에 들어온 것이 상품 개발의 선두에 있는 마케팅부였다. 여기서 브랜드 개발 경쟁에 불을 지피면 개발 연구소와 생산·영업 부문에도 연쇄적으로 경쟁의식이 퍼져나가리라 예상한 것이다.

이전의 프로덕트매니저들은 한 명의 매니저가 컵라면, 봉지라면이라는 큰 분야를 담당해왔다. 하지만 컵라면만 해도 컵누들은 종형 컵라면, '돈베이'는 일본식 사발형 컵라면, 라오는 중화 사발형 컵라면, '야키소바 UFO'는 접시형 컵라면 등으로 세분화할 수 있다. 이렇게 많은 상품군을 단 한 명의 컵라면 담당 프로덕트매니저가 관리하기에는 무리가 있었다. 다 소화할 수도 없을뿐더러 그들은 기존 브랜드나 주력 상품을 잘 지키기만 해도 된다며 안이하게 생각하고 있었다. 결국 수익률이 낮고 리스크가 큰 신제품 개발 업무에는 소극적일 수밖에 없었다.

그래서 나는 프로덕트매니저 제도를 없애고 새롭게 브랜드 매니저 제도를 도입했다. 카테고리별 관리에서 브랜드별 관리 체제로 전환해 한 브랜드마다 담당자를 두기로 했다. 제1그룹은 컵누들, 제2그룹은 돈베이와 UFO, 제3그룹은 차이나(당시 브랜드지만 현재는 없다), 제4그룹은 치킨라멘, 제5그룹은 데마에잇쵸 등 일곱 개 그룹으로 브랜드를 나눠, 각 그룹에 브랜드 매니저를 두었다. 일곱 명의 브랜드 매니저가 서로 경쟁하며 신제품 개발에 몰두하고 항상 자신의 브랜드에만 전념할 수 있도록 한 것이다.

브랜드 매니저의 목표는 물론 '타도 컵누들!'이다. 인스턴트 라면 시장은 이미 치열한 경쟁 상태에 있었다. 시장에 새로운 브랜드를 투입해 정착시키려면 톱 브랜드인 컵누들의 시장점유율을 빼앗아버릴 수 있을만한 상품이어야만 했다.

지금까지의 느슨한 체계는 오늘로 끝이다. 오늘의 친구는 내일의 적이다. 자기가 맡은 브랜드의 판매량을 높이려면 옆에 있는 브랜드 매니저의 시장점유율을 빼앗아 와야 한다. 우리 회사 상품들끼리 경쟁하더라도 상관없다. 상품 개발에 제약을 두지 않는다. 그래서 이렇게 선언했다.

"오늘부터 아무런 제약도 두지 않는, 자비 없는 전쟁을 시작한다!"

이제 컵누들의 브랜드 매니저도 멍하니 앉아 있을 수만은 없었다. 언제 자신의 발등에 불이 떨어질지 모르기에 다들 필사적이었다. 그들은 인스턴트라면의 새로운 광맥을 찾고, 그 좁은 길을 따라 오로지 파고, 파고, 또 파는 '일곱 마리의 두더지'가 되었다.

마케팅이란 팔리는 구조를 만드는 작업이다. 그 구조 가운데 가장 중요한 것이 신제품을 개발해 브랜드로 만드는 브랜딩 작업이다. 그 브랜딩의 궁극적인 목표는 톱 브랜드다. 톱 브랜드는 소비자와의 신뢰 관계로 묶여 있다.

나는 항상 아무리 작은 곳에서라도, 아무리 작은 분야에서라도 1등 전략을 취하라고 말한다. 2등 브랜드 열 개를 가지고 있는 것보다 1등 브랜드 하나를 가지고 있는 것이 자산가치가 훨씬 더 높기 때문이다. 그러려면 남들과 간격을 벌릴 수 있을만한 기술혁신밖에 방법이 없었다.

"만약 회사에 막대한 이익을 가져올만한 상품을 개발한다면

브랜드 매니저와 지원 부문

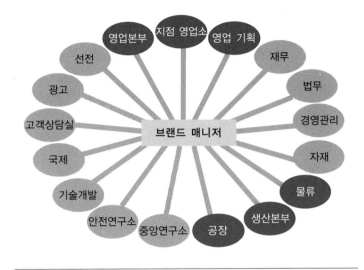

브랜드 매니저와 지원 부문

보너스로 2억 엔도 내줄 수 있다!"

　내가 이렇게 말하자 브랜드 매니저들의 눈빛이 달라졌고, 개발 스태프들도 의욕이 솟았다.

　하지만 말처럼 쉬운 일이 아니었다. 인스턴트라면은 남녀노소를 불문하고 누구나 일상적으로 즐겨 먹는 상품이다. 당연히 그에 따른 소비자 개개인의 취향도 점점 더 다양해져 남녀노소 모두에게 사랑받는 상품이란 좀처럼 쉽게 만들어지지 않는다. 인스턴트라면은 대중적인 상품이지만 어찌 보면 대중의 입맛을 맞추기 가장 힘든 상품이기도 하다.

브랜드 매니저가 착수한 사업은 '새로운 브랜드를 개발한다', '힘 있는 브랜드를 더 강하게 한다', '약한 브랜드를 보강한다'는 세 가지로 집약되었다.

브랜드 매니저는 그가 맡은 브랜드의 모든 경영 책임을 지는 '브랜드 회사의 사장'이다. 예를 들면, 컵누들의 브랜드 매니저는 연매출 800억 엔(1990년 당시 컵누들의 총매출)인 회사의 사장이다. 이는 가장 큰 브랜드 회사로, 가장 작은 브랜드 회사는 연매출 10억 엔에도 못 미친다. 매출액·직급·급여의 차이는 있어도 브랜드 매니저로서의 입장은 대등하다. 상품 개발·가격 책정·유통 전략·홍보 전략 등을 본인의 의지대로 진행할 수 있도록 모든 권한을 똑같이 부여했다.

브랜드 매니저가 요청하면 기술 개발·자재·생산관리·홍보·광고·재무·인사 등 모든 부문에서 지원하도록 했다. 책임이 큰 만큼 성공하면 승진과 특별 표창 등의 성공 보수를 부여했다.

상사에 대한 불만은
사장에게 직접 말하라

제약 없는 경쟁이라고는 해도 브랜드 매니저 일곱 명의 독단과 편견 때문에 회사 조직이 붕괴되어서는 곤란하다. 어느 정도의 제한이 필요해, 그들이 지켜야 할 열 가지 항목의 행동 원칙을 정했다. 브랜드 매니저뿐만 아니라 닛신식품의 모든 사원이 같은 의식을 공유했으면 하는 마음에 명칭도 '닛신맨 십계명'이라고 정했다. 나는 규칙에 얽매여 관리되는 것을 좋아하지 않는다. 그래서 사원들에게도 무엇 무엇은 하지 말라고 제한하는 대신 무엇 무엇을 하라고 권유하는 방식을 취했다. 항상 적극적이고 진취적으로 행동할 수 있도록 최대한 신경을 썼다.

닛신맨 십계명은 다음과 같다.

- 고객의 만족을 위해 제대로 된 상품만 팔아라.
- 닛신식품의 그랜드 디자인을 그려라.
- 브랜드에 책임의식을 가져라.
- 퍼스트 엔트리를 자랑스럽게 생각하라.
- 항상 카테고리 No.1을 목표로 하라.
- 느낀 점을 자신만의 방식으로 말하라.
- 도망가지 말고 부딪쳐라.
- 불가능에 도전해서 돌파하라.
- 파벌주의와 싸워라.
- 상사에 대한 불만은 사장에게 직접 말하라.

대충 읽어봐도 의미는 알 수 있겠지만, 오해가 없도록 약간의 설명을 덧붙인다.

- 고객의 만족을 위해 제대로 된 상품만 팔아라

생산업체의 사명은 고객이 만족할 수 있는 상품을 만드는 것이다. 고객에게 가치가 있는 상품만이 진정한 상품이다. 신제품 경쟁이 치열해져 품목이 늘어나면 개발 자세도 기계적이며 형식적으로 변해버린다. 이 상품은 고객에게 진정으로 가치 있는 상품일까? 그렇지 않다는 판단이 들면 영업사원은 그 상품을 팔지 않아도 좋다. 극단적으로 말하면 그렇다. 파는 사람이 납득할 수 없는 상품을 고객이 납득할 리 만무하다.

■ 닛신식품의 그랜드 디자인을 그려라

그랜드 디자인, 즉 기업의 미래상은 그 회사의 최고 경영자가 구상해서 사원들에게 지시하는 것이다. 하지만 닛신식품에서는 사원 한 사람 한 사람이 장래에 이런 회사가 되었으면 하는 꿈을 갖고, 그 꿈을 실현하기 위해 자신은 무엇을 해야 하는지를 고민하라고 주문한다. 현장에 있는 사람들은 눈앞의 이익만을 바라보며 그때그때의 생각에만 매몰되어 행동하는 경향이 있다. 그래서는 회사의 미래는 없다. 장기적으로 본다면 지금 자신이 해야 할 일이 무엇인지 알 수 있을 것이다.

■ 브랜드에 책임의식을 가져라

상품이 생산자의 손에서 벗어나 소비자에게 가는 과정에서 상품 소유권도 여러 번 바뀐다. 그렇다 하더라도 브랜드의 책임자는 항상 우리라는 의식을 갖자. 상품이 고객의 입에 들어가는 그 순간까지 지켜봐야 하는 것은 생산자로서 당연한 책임이다. 상품에 문제가 있으면 소비자는 반드시 생산자에게 클레임을 넣는다. 즉, 그 브랜드의 책임자가 누구인지 정확하게 알고 있는 것이다. 상점에서 상품 가치에 걸맞은 적절한 가격에, 적절한 장소에 두고 팔 수 있도록 제안하는 것 또한 책임자가 할 일이다. 소유권이 넘어간 상품을 생산자가 관리하거나 지도해서는 안 된다. 하지만 제안은 할 수 있다. 디플레이션과 가격 파괴의 영향으로 가격이 떨어져버린 브랜드는 가격뿐만 아니라 가치 또한 하락했다는 것을 알아야 한다. 오랜 시간에 걸쳐 쌓아온 브랜드라도 무너지는 것은 한순간이다. 그리고 한번 잃어버린 가치를 회복하려면 많은 시간과 노력을 들여야 한다.

■ 퍼스트 엔트리를 자랑스럽게 생각하라

혁신적인 상품을 경쟁 회사보다 빨리 개발해서 한 발 먼저 시장에 투입하라. 치킨라멘과 컵누들을 예로 들 것도 없이, 퍼스트 엔트리야말로 이익을 창출하며 톱 브랜드가 되는 가장 빠른 지름길이다. 퍼스트 엔트리를 선점한 사람은 모든 것을 자신의 구상대로 진행할 수 있다. 선행 상품을 뒤따라가다 보면 선행 상품을 해석하느라 시간과 체력을 소모하며, 따라갈 수는 있어도 절대 넘어서지는 못한다. 다소의 위험이 있더라도 용기를 내어 퍼스트 엔트리에 에너지를 집중하는 것이 현명한 일이다.

■ 항상 카테고리 No.1을 목표로 하라

일본의 인스턴트라면 시장은 '7그룹', '28카테고리'로 세분화되어 있다. 이 28개의 카테고리에는 시장 규모가 큰 것도 있고 작은 것도 있는데, 아무리 작은 카테고리라도, 그 안에서 1등 브랜드가 되는 것이 브랜드 매니저 제도의 가장 중요한 과제다. 1등 브랜드가 되면 상점 안에 정착할 수 있다. 편의점처럼 판매 정보를 자동화해 관리하는 유통 점포에서는 주간 판매량에 따라 상품 교체가 빈번하게 일어난다. 2, 3등 상품은 판매량이 떨어지면 바로 진열대에서 물러나야 하는 운명에 처하며, 언제 타사의 상품에 추격당할지 모르는 일이다. 고정 고객이 많아 안정적으로 팔리는 톱 브랜드만이 시장에서 살아남을 수 있다.

■ 느낀 점을 자신만의 방식으로 말하라

나는 다른 사람의 입을 빌려 말하는 것을 싫어한다. 거래처와 상담을 할 때, 사장님이 이러저러하게 말씀했으니 잘 부탁드린다며, 상사나 회사 대표를 빌려 설득하려는 사원들이 간혹 있다. 그것은 자신감이 없기 때문이다. 자신이 현장 체험을 통해 피부로 느낀 것, 생각한 것을 자신만의 방식으로 이야기해야 한다. 그렇지 않으면 상대가 신뢰하지 않는다. 그래서 나는 사원들에게 다른 사람의 발상이라도 본인이 잘 이해하고 본인의 언어로 표현할 수 있다면 그것은 본인의 발상과 마찬가지라고 이야기한다.

■ 도망치지 말고 부딪쳐라

말 그대로다. 도망치기만 해서는 문제를 해결하지 못한다. 일이 순조롭게 진행되지 않으면 누구라도 책임을 회피하고 싶어 한다. 그럴 때일수록 용기를 내 부딪쳐야 한다. 망설여진다면 일단 앞으로 나가라. 틀렸다는 것을 알았을 때 바로 뒤돌아오면 된다. 식품업계에도 눈속임과 변명으로 피해 가려다 되돌릴 수 없는 치명타를 입은 경우가 셀 수 없이 많다. 정직하게 다가갔을 때 비로소 해결책도 보이는 것이다.

■ 불가능에 도전해서 돌파하라

기술혁신과 창조 개발은 그전까지 불가능하다고 여겼던 일을 시작해 그 벽을 허무는 것에서 시작한다. 닛신식품의 창업자인 안도 모모후쿠가 그랬던 것처럼, 할 일이 정해지면 하루 종일 그것만을 궁리하라. 사고는 정보의 자기장과도 같아 끊임없이 궁리하면 자연히 필요한 정보도 모이게 마련이다. 정보를 많이 갖고 있기만 해서는 아무것도 해결하지 못한다. 가지고 있는 정보 중에서 중요한 것만을 가려내고, 그것들을 짜 맞추어 해결책으로 삼을 수 있어야만 그 분야에서 진정한 일인자가 될 수 있다.

■ 파벌주의와 싸워라

조직은 시작되는 순간부터 진부해진다. 조직이 늙고 비대해지면 반드시 관료적인 파벌주의가 생겨난다. 신기하게도, 일하는 것은 사람인데 조직이 자연스럽게 벽을 만들고 자기방어를 시작한다. 영역 싸움인 것이다. 이 때문에 업무 능률이 떨어지고, 경영에 좋지 않은 영향을 끼친다. 나는 월권행위도 적극 장려하고 있다. 조직이 아니라 회사에 무엇이 중요한지, 한 단계 높은 관점에서 판단하는 것이 조직을 튼튼하게 만들기 때문이다.

■ 상사에 대한 불만은 사장에게 직접 말하라

부하직원이 제출한 기획서와 결재서류 등을 서랍에 넣어둔 채 결단을 내리지 못하는 상사가 있다. 시간만 허비한 채 비즈니스 기회는 점점 멀어져 간다. 나는 이런 경우 부하직원이 상사를 거치지 않고 직접 사장에게 판단을 요청할 수 있도록 했다. 이 제도를 시행하고 나서 사원들이 내게 직접 보낸 편지나 이메일이 매년 열 건에 이른다. 이때 그 내용을 보낸 사원을 상사의 압력으로부터 지켜주는 것이 중요하다. 그래서 상사를 불러들여 "그건은 어떻게 진행되고 있는가?"라고 물을 때도 그 상사의 부하직원이 내게 말한 내용은 말하지 않았다. 닛신식품에는 리스크 관리위원회를 두어 사원의 내부 고발을 들어주는 제도가 있는데, 그때도 가장 중요한 것은 고발자를 보호하는 것이다. 고발했다고 해서, 혹은 사장에게 직접 말했다고 해서 업무상 불이익이 돌아가는 일은 절대로 있어서는 안 된다. 이를 지켜내지 못하면 제도는 유지될 수 없다. 그런 경우 상사에게 직접적으로 이렇게 하라 저렇게 하라고 지시하지 않는다. 내가 지시하면 그 상사는 단지 그 지시에 따르기만 하기 때문이다. 다소 귀찮더라도, 몇 번이고 이야기를 나눠 답을 이끌어주고, 마지막에는 스스로의 판단에 맡기고 있다. 이러한 제도는 아랫직원의 고발을 장려하려는 의도가 아니다. 오히려 책임 의무가 있는 상사들에게 결단력을 호소하려는 것이다. 이도 저도 못하며 갈팡질팡하다가는 부하직원들에게 미움만 산다는 것을 경고하고 있는 것이다.

'닛신맨 십계명'은 2008년 10월, 닛신식품이 지주회사제로 전환해 닛신식품 홀딩스 주식회사가 된 시점에서, 그룹의 전 사원을 대상으로 한 '닛신 창조정신'으로 새롭게 변모했지만 근본 이념만은 여전히 바뀌지 않았다.

괴짜의 발상이
혁신을 이룬다

이제 브랜드 매니저 제도의 틀과 정신은 갖추어졌다. 내 예상 대로 조직이 잘 움직여주기만 하면 되는 시점에서 가장 중요한 것은 유능한 인재를 모으는 일이었다. 그래서 '손을 든 사람'에게 일을 맡기는 지원자 제도를 취했고, 면접을 통해 다음의 세 가지 요소를 충족하는 사람을 브랜드 매니저를 선발했다.

- 현 상태에 불만을 가진 사람. 지금에 만족하는 사람은 발전
  이 없기 때문이다.
- 무언가에 흥미를 갖고 그것을 추구하는 사람. 즉, 깊이 파

고드는 것을 좋아하는 사람.

- 생각하는 습관이 몸에 밴 사람. 그러나 단순히 생각만 하는 것이 아닌, 과거에 얽매이지 않고 선입견이 없는 사람이 좋다. 조직의 논리나 사풍 등에 물들어 있으면 새로운 발상은 나오지 않기 때문이다.

각각의 그룹이 부담 없이 일을 진행할 수 있도록 최소한의 인원으로 구성해야 했다. 그래서 브랜드 매니저를 포함해 3인 체제를 구축했다. 브랜드 매니저 선발도 중요하지만, 브랜드 매니저를 지탱하는 스태프와의 균형도 중요했다. 브랜드 매니저와 함께 일하는 두 명의 젊은 스태프 중 한 명은 유통에 관한 지식을 겸비한 영업 쪽 사원으로, 다른 한 명은 기술을 가진 개발연구소 출신으로 구성했다. 브랜드 매니저는 브랜드의 판매와 이익을 관리할 수 있어야 한다는 것이 필수조건이었다. 이런 사람이라면 상품 개발 중에 일어나는 대부분의 트러블에 대처할 수 있다. 그리고 특히 강조해두고 싶은 것은, 이 세 명 중 한 명은 일부러 균형 감각이 없는 괴짜를 집어넣었다는 점이다.

보통 괴짜라고 하면 '이상한 사람'이라 생각할 것이다. 하지만 내가 원하는 괴짜는 일반적인 상식은 조금 모자랄 수 있지만 어떤 특정한 분야에는 비상한 관심을 가지며, 그 영역만큼은 누구에게도 뒤쳐지지 않는 지식을 가지고 있는 사람이다. 예를 들면, 애니메이션이나 코스프레에 열광하는 오타쿠 족들과 전국의 라면 전문점들을 돌며 맛뿐 아니라 라면 전문점의 인테리어나 사발 모양까지도 기억하는 라면 마니아들이 이에 해당한다. 분위기 파악 따위는 못해도 좋다. 한 가지 일에 몰두할 수 있는 사람, 남다르게 생각할 수 있는 괴짜들만이 개혁을 주도할 수 있는 것이다.

나는 괴짜가 좋다. 그 이유는 나 자신이 균형 감각이 있는, 지극히 상식적인 사람이기 때문이다. 대부분의 회사에서는 괴짜들은 소외당하고 내쳐지는 경우가 많다. 닛신식품에서는 그런 괴짜들을 제대로 평가하고 있다. 회사의 재무 상태가 좋을 때는 모두가 한곳만 바라보고 있어도 문제되지 않는다. 하지만 새로운 일을 시작하면 다른 각도에서 남다른 곳을 바라볼 수 있는 존재가 의외로 큰 힘을 발휘한다. 그들이 벽에 부딪히더라도 이를 돌파해, 3년에 한 번이라도 새로운 것을 개발할 수 있다면 나는 그것으로 만족한다.

괴짜들은 특화된 기술과 기능을 지니고 있지만, 사람을 감싸 안으며 조직을 매니지먼트하는 데는 적합하지 않다. 그래서 비록 괴짜라도, 특히 우수한 능력을 지닌 이들의 장래를 배려해 '마이스터 제도'를 도입했다. 임원이나 업무 총책임자는 될 수 없지만 그 분야의 전문가로 인정받으면 그 분야에서 후배들을 지도하며 기술을 전승하는 동시에 좋은 처우도 받을 수 있다. 나이가 들어 괴짜로서의 날카로움이 다소 무뎌졌다 해서 존중받지 못하는 일이 있어서는 절대 안 될 것이다.

현재 닛신식품 내에서 괴짜 사원의 비율은 전체 사원들 중 10 퍼센트 정도다. 나는 괴짜 사원들이 회사 안에 20퍼센트, 연구 · 개발 부서에는 30퍼센트가 되기를 바란다. 괴짜 사원이 회사 안에 30퍼센트를 넘으면 오히려 경영에 지장을 초래할 수도 있기 때문이다. 닛신식품에서는 젊은 사원들이 내게서 "자네 괴짜군" 이라는 말을 듣는 것을 칭찬으로 받아들이고 있다.

브랜드 매니저들에게
활기를 불어넣다

브랜드 매니저 제도를 도입함으로써 신제품 개발 경쟁이 치열해졌다.

그 결과 어떤 일이 생겼을까? 우선, 일시적이기는 했지만 협력 의식이 약해졌다. 그룹 간의 충돌이 잦아져 회사 전체가 술렁거렸다. 불필요한 일이 많아져 생산성도 떨어졌다. 내가 짐작한 대로였다. 일시적으로 회사 전체가 흔들리고, 이를 극복해야 비로소 앞이 보이기 시작할 것이라 생각했기 때문이다.

비슷비슷한 신제품을 세 명의 브랜드 매니저가 개발하고 있다면, 비슷한 내용의 개발의뢰서 세 통이 각 브랜드 매니저가 책임지고 있는 개발 연구소 세 곳에 도착한다. 연구소는 의뢰받은 프로젝트마다 팀을 만들어 대응한다.

"한 가지 상품의 연구 개발이라면 면, 수프, 건더기를 담당하는 세 명의 기술자만 있으면 될 텐데, 세 팀을 만든다면 적어도 아홉 명은 필요해집니다. 마케팅 부서에서 우선순위를 정해주든지 아니면 어느 한쪽으로 집약시켜주십시오."

연구소장이 마케팅부장에게 불만을 토로한다.

마케팅부장은 불가능하다고 답한다. 내가 "신제품을 개발할 때는 사전에 회사 내에서 조정해서는 안 됩니다"라고 말했기 때문이다. 마케팅부장은 브랜드 매니저에게 "해서는 안 된다"고 말할 수 있는 권한은 없지만, 하고 싶은 말이 있을 경우에는 제안할 수 있다.

이 세 건의 개발 의뢰를 위해 연구소 외에도 자재부·생산관리부·기술개발부 등이 함께 움직인다. 게다가 개발 의뢰는 이 세 건만이 아니다. 동시에 다른 그룹에서도 안건이 도착하기 때문이다. 일곱 명의 브랜드 매니저가 보내는 안건 때문에 의뢰받는 부서 담당자들은 눈코 뜰 새 없다. 이런 인적·물적·시간적 비효율은 상당한 비용 부담으로 이어졌다. 원재료와 포장 재료의 조달에만 연간 수억 엔의 비용이 들었다. 회사 안 여기저기서 "어떻게 좀 안 될까요?"라는 절실한 부탁이 속출했다. 하지만 나는 이를 무시하고, 브랜드 매니저가 회사 안 곳곳을 자유롭게 활보하도록 묵인했다. '전체의 최적' 보다는 '브랜드 매니저의 최적'을 우선시했다. 신제품을 활발하게 개발하려면 효율을 따지기보다는 경쟁을 유도하는 것이 중요했다. 경쟁이 브랜드 매니저에게 활기를 불어넣어 그것이 히트상품으로 이어진다면 그간의 비용 부담도 회복되리라 예상했기 때문이다.

재미있는 결과가 나오기 시작했다. 연구소에 비슷비슷한 신제품을 개발하는 복수의 팀들이 생겨나자 서로 지기 싫다는 경쟁의식이 싹트기 시작했다. 또한 브랜드 매니저들 중에는, 연구소에서 자신이 원하는 건더기가 제대로 만들어지지 않자, 회사 밖에서 따로 발주해서 가지고 들어오는 경우도 생겨났다. 브랜드 매니저들 사이의 경쟁이 연구소의 개발 경쟁에도 불을 지펴 회사 밖으로까지 그 여파가 퍼져 나간 것이다.

개발한 신제품을 발매할지 여부는 매달 한 번씩 열리는 신제품위원회에서 결정 난다. 위원장은 내가 맡는다. 개발 작업에 사내 조정은 금지하고 있지만, 이 위원회에서는 개발한 제품 중 하나를 선택해야 하는 최종 조정을 해야만 한다.

일곱 명의 브랜드 매니저가 필사적으로 상품 설명에 들어간다. 브랜드 매니저의 진가를 발휘하는 순간이기도 하다. 회의실밖에서는 상품 개발에 협력한 연구소 스태프들이 그 신제품이통과하기만 기다리고 있다. 여기서 선택되지 않는다면 예선 탈락인 셈이다. 시장에 참가하는 기회를 잃는 것이며, 히트상품을 만든다는 꿈도 저 멀리 사라져버린다. 물론 브랜드 매니저로서의 신뢰도 잃게 된다. 따라서 브랜드 매니저는 필사적일 수밖에 없다. 상품의 콘셉트를 시작으로 시장 분석·상품명·디자인·소비자 조사 결과·매출과 이익 계획·광고 홍보 계획 등 설명과 설득이 계속 이어진다.

신제품위원회 위원들은 상정된 모든 제품을 시식한다. 미각이란 참 묘해, 콘셉트 발표 시점에서는 그다지 기대하지도 않았던 것이 놀라울 만큼의 완성도를 보이는 경우가 종종 있다. 반대로 훌륭한 프레젠테이션으로 기대를 모았던 제품이 별로인 경우도 있다. 결국 끝까지 싸워보지 않으면 모르는 일이었다. 상품 개발에 제약을 두면 안 된다는 사실이 증명되는 셈이다.

신제품위원회는 아침에 열린다. 프로덕트매니저 제도를 시행할 때와 비교하면 개발 제안 수가 압도적으로 늘어나, 하루에 30건을 다루어야 하는 날도 있었다. 대체로 퇴근시간이 되어야 끝나곤 했다. 일곱 명의 브랜드 매니저는 무사히 전쟁을 끝내고 홀가분한 마음으로 돌아갔고, 나를 포함한 신제품위원회 위원들은 새로운 제품을 만끽한 포만감으로 가슴이 벅차올랐다.

경쟁 회사에 먹힐 바에는
자사가 먹어라

컵누들의 시장점유율을 빼앗기 위해, 거의 모든 브랜드 매니저가 종형 컵라면 개발에 착수하기 시작했다. 치킨라멘과 같은 봉지라면을 컵에 담아 발매했다. 우동·소바와 같은 일본식 면도 사발형 용기가 아닌 종형 컵에 담아 발매했다. 둘 다 어느 정도의 매출은 있었다. 인스턴트라면 애호가들은 신제품이 나오면 먹고 보는 습성이 있다. 특히 핵심 소비자인 젊은 층은 누구보다 먼저 먹어보고 맛이 이렇다 저렇다 평가하는 것을 좋아한다. 하지만 달려드는 것이 빠른 만큼 멀어지는 것 또한 빠르다. CF 광고가 끝나면 판매량도 떨어진다. 머지않아 상품은 편의점에서 자취를 감추고 만다. 빠르면 발매 후 한 달 만에 사라지는 경우도 있다. 그리고 소비자는 자신에게 친숙한 브랜드로 돌아간다. 일시적으로 빼앗긴 컵누들의 시장점유율은 반드시 회복된다. 이것이 톱 브랜드의 저력이다.

아무런 타격도 없다. 브랜드 매니저들이 합세해 '타도 컵누들!'을 외치며 경쟁 상품을 발매하는 것이 사실은 컵누들의 장애물을 치워주는 역할을 한 것이다. 일시적으로 시장을 빼앗았다 하더라도 결과적으로는 컵누들의 아성을 더욱 굳건히 하며, 컵누들이라는 브랜드를 더욱 강화하는 계기가 된다.

그렇다면 이들이 필사적으로 임했던 수많은 경쟁들은 헛수고란 말인가? 절대 그렇지 않다. 경쟁 회사도 '타도 컵누들!'을 외치며 종형 신제품을 끊임없이 만들어낸다. 경쟁 회사의 상품에 컵누들의 시장점유율을 빼앗기는 것보다 내부의 경쟁을 불러일으켜서라도 시장점유율을 우리 회사로 가져오는 것이 낫다. 당시 나는 이를 컵누들의 '외호(外壕) 작전'이라고 불렀다. 컵누들이라는 성을 방어하기 위해 그 성 주위에 신제품이라는 구덩이를 파 컵누들의 시장점유율을 견고히 한 것이다.

영업부에서도 혼란이 빚어지기 시작했다. 영업사원은 컵누들과 치킨라멘을 중심으로 전체 판매량과 이익 목표를 세운다. 작은 브랜드는 어쩔 수 없이 나중으로 미룬다. 열세에 놓인 약소 브랜드 매니저에게 이는 사활이 걸린 문제다. 자신이 목표한 판매량과 이익이 달성되지 않으면 감봉과 배치전환이 기다리고 있기 때문이다. 영업부에 자신이 개발한 브랜드를 팔아달라며 필사적으로 부탁한다. 영업부에서 움직여주지 않으면 결국에는 본인이 직접 영업 활동을 펼친다. 거대 편의점 체인과 대형 소매점의 바이어들과 직접 만나 교섭하는 것이다.

이 또한 내가 예상했던 바였다. 사내 경쟁이 치열해져 신제품 수가 증가하더라도 이를 받아들이는 영업부의 문은 좁다. 손에 신제품이 넘쳐나는 것이다. 어느 제품을, 어느 상점에서, 어느 지역에서, 언제부터 발매하는가 하는 문제가 생긴다. 영업사원들은 특성상 가장 편하게 팔 수 있고 이익을 얻을 수 있는 상품을 우선적으로 팔려고 할 것이다. 나중으로 뒤처진 브랜드 매니저는 이를 가만히 보고만 있을 수 없다. 영업부를 건너뛰어 직접 영업을 감행하는 것이다.

생산 회사의 유통 경로가 복선화되기 시작했다. 제2영업부는 둘째치고, 브랜드 매니저의 수만큼 경로가 늘어나 합계 여덟 개의 유통 경로가 생기게 되는 것이다. 영업부에서는 거래처에 폐를 끼치므로 자제해달라고 호소해왔다. 나는 오히려 "회사 안에 머물러 있을 필요가 없다. 회사의 사정을 더욱더 밖으로 알려라"라며 직접 교섭을 장려했다.

편의점의 책임자들 중에는 "영업부 사람들보다 브랜드 매니저에게 직접 이야기를 듣는 것이 흥미롭다"고 이야기하는 경우도 많았다. 신제품의 기획 내용과 홍보 방안 등을 보다 빨리 들을 수 있기에 매장에서 판매 계획을 세우는 것도 한결 수월해진다는 것이다. 역시나 고생해서 만든 사람이 직접 교섭을 진행하는 것이 바이어들에게 반응이 좋았다.

브랜드 매니저들 중에는 다른 브랜드 매니저의 상품을 치우고, 자신이 개발한 상품을 진열대에 올려달라는 조금은 과격한 사람도 있었지만, 편의점의 책임자들은 어느덧 "닛신식품은 원래 그런 회사"라고 웃어넘겨주었다. 이후 영업부도 브랜드 매니저들의 복수 경로를 조금씩 인정해주었다.

우리 회사는 인스턴트라면에 관한 지식에 있어서는 어느 누구에게도 지지 않을 자신이 있다. 한편, 유통 책임자들은 소비자의 기호와 라이프스타일에 정통하다. 이 둘이 의견을 교환함으로써 신제품의 가치가 한층 높아지는 부수 효과도 얻을 수 있었다. 그 대표적인 성공 사례가 세븐일레븐의 제안으로 공동 개발한 잇푸도, 스미레, 산토카 등의 유명 라면 전문점 시리즈였다.

시장에서는 지역 음식 붐이 일단락되어 다음 아이템을 모색 중이었다. 세븐일레븐은 다음은 '라면 전문점의 상호를 따온 지역 음식'으로 예상하고 있었다. 잇푸도는 하카타, 스미레는 삿포로, 산토카는 아사히카와의 유명 라면 전문점으로, 이름은 전국적으로 잘 알려져 있었지만 그 지역과 도쿄, 오사카 외에는 먹어볼 수 없는 라면들이었다. 그 라면을 인스턴트라면으로 발매한다면 그 라면 전문점은 전국적으로 유명해지고, 라면 마니아들도 반드시 달려들 것이라 예상했다. 세븐일레븐의 상품 기획 총괄 책임자가 닛신식품에 개발을 요청해왔는데, 그는 상품 개발 의지가 대단했고, 이 일을 매우 정열적으로 진행했다.

사실 닛신식품은 그때까지 PB 상품, 즉 자체상표상품은 일체 만들지 않았다. PB 상품은 모든 원재료를 공개하고, 가격을 포함한 상세한 사양서를 제출해야 했다. 우리는 이를 회사의 소중한 지적 재산이라 인식하고 있었기에 정보를 공개할 수 없다는 입장을 표명해왔다. 하지만 세븐일레븐 경영진은 "이는 PB가 아닌 공동 개발 상품이다. 사양서는 없어도 좋으니 협력해달라"며 요청해왔다. 나는 물론 오케이였다. 제조원은 닛신식품, 발매는 세븐일레븐인 상품이었다. 그렇게 세븐일레븐과 라면 전문점들의 상표 사용 계약이 이루어졌다.

이렇게 시작한 프로젝트였지만, 라면 전문점 상호를 전면에 내세운 상품을 발매하는 것에 라면 전문점 주인들이 불안해했다. 라면 전문점이 고집하는 맛을 인스턴트라면이 재현할 수 있을까 해서였다. 잘못했다가는 라면 전문점에도 악영향을 끼칠 수 있었다. 이 때문에 닛신식품 연구소의 개발자들이 닛신식품의 이름을 걸고 상품 개발에 몰두했고, 그 결과 면의 질·수프·건더기에 이르기까지 라면 전문점 주인들이 놀랄만한 상품을 만들어냈다.

250엔이라는 비싼 가격에도 불구하고 발매와 동시에 폭발적으로 팔려나갔다. 재고가 동나는 상점이 속출했다. 숫자상의 실수로 상품을 제대로 대지 못해 폐를 끼친 적도 있었지만, 내심으로는 세븐일레븐 관계자의 기대에 부응할 수 있어서 다행이었다. 이 유명 라면 전문점 시리즈는 지금도 정기적으로 발매해 세븐일레븐이나 닛신식품에 확실한 이익을 가져다주는 고마운 상품이다.

훗날, TV 프로그램 〈라면왕〉에서 초대 라면왕에 오른 하가타 잇투오의 주인을 비롯해, 그 밖의 유명 라면 전문점의 주인들이 모여, "닛신식품 관계자 분들, 이렇게 맛있는 걸 만들어버리면 우리는 어떻게 하라고요"라며 닛신식품의 라면을 사러 달려간다는 코믹한 CF 광고에 출연해주기도 했다. 라면 전문점 주인들은 더 맛있는 라면을 만들고 싶은 열정으로 언제나 연구에 몰두한다. 그런 의미에서 그들은 우리 회사와 같은 배를 탄 동지들이며, 서로가 서로에게 자극제가 되고 있다.

성공과 실패 이유를
철저하게 해부하라

앞에서도 언급했지만, 일곱 명의 브랜드 매니저에게 많은 권한을 준 것 때문에 다른 부서와 마찰이 잦았다. 예상하고 있었다고는 하지만 경영의 균형을 유지하려면 비슷한 힘을 가진 대항세력이 필요하지 않을까 생각했다. 그래서 여덟 명의 지점장에게 그 역할을 맡겼다.

지점장은 홋카이도에서 규슈에 이르기까지 여덟 개의 지역을 담당하고 있다. 이들 지점장에게는, 브랜드 매니저의 상품이 필요하지 않다면 굳이 판매하지 않아도 되는, '팔지 않을 권한'을 부여했다.

닛신식품에는 판매량과 이익에 관한 목표를 세우고, 그 실적을 주간 단위로 추적하는 조직이 두 개 있었다. 하나는 브랜드의 손익을 관리하는 일곱 명(지금은 아홉 명)의 브랜드 매니저, 다른 하나는 지역의 손익을 관리하는 여덟 명의 지점장이다.

브랜드 매니저는 결론적으로 자신이 담당하고 있는 브랜드와 자신이 개발한 신제품만 잘팔리면 된다. 하지만 지점장은 어떤 것이 팔리든 자신이 담당하는 지역의 최대 판매량과 이익만을 따진다. 이 둘의 상이한 이익 관리 전략은 일치할 때도 있지만 대립하는 경우도 있다. 그래서 세로에 브랜드 매니저, 가로에 지점장이라는 두 개의 이익 관리 축을 두고, 그 최종치인 접점을 구하는 '매트릭스 매니지먼트'를 창안했다.

한 달에 한 번 열리는 전국지점장회의에서 조정한다. 그 회의는 원래 영업 정책을 의논하는 자리여서 브랜드 매니저가 출석하지 않아도 되었다. 하지만 지점장이 거부 권한을 발동하면 곤란하기에 일곱 명의 브랜드 매니저도 참석하게 되었다. 여기서 자신들의 상품을 충분히 설명해야 자신에게 유리하기 때문이다. 다시 말해 브랜드 매니저의 인격과 품성, 일에 대한 열정을 평가하는 자리인 셈이다. 지점장들은 영업에는 산전수전 다 겪은 베테랑들이라 그들의 마음을 움직이는 것이 여간 힘든 일이 아니었지만, '이 브랜드 매니저가 이렇게까지 얘기한다면……" 하는 인간적인 배려도 생겨났다.

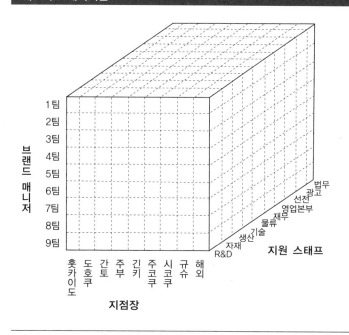

브랜드 매니저

1팀
2팀
3팀
4팀
5팀
6팀
7팀
8팀
9팀

훗카이도
도호쿠
간토
주부
긴키
주코쿠
시코쿠
규슈
해외

지점장

R&D
자재
생산
기술
물류
재무
영업본부
선전
광고
법무

지원 스태프

반대 경우도 있었다. 팔아준다는 지점장에게 팔지 않아도 된다고 말하는 브랜드 매니저도 있었다. 수도권에 선행 발매한 후, 동향에 따라 전국적으로 판매할 계획을 짜고 있는 브랜드 매니저에게 오사카 지점장이 "여기서 먼저 팔고 싶다"고 하자, 브랜드 매니저가 "좀 봐주세요"라며 거절했던 것이다. 또한 지점장들의 스타일도 가지가지라, 신제품에는 달려들지만 일제 출하 후 팔 만큼 판 뒤에는 나 몰라라 하거나, 상품이 정착될 때까지 끈기 있게 파는 타입 등 스타일이 제각각이었다. 지점장에게 팔지 않을 권한이 있듯이 브랜드 매니저에게도 주지 않을 권한이 있다. 이런 마찰을 해결하는 것이 매트릭스 매니지먼트의 역할이었다. 아무리 대화를 나눠도 해결점이 보이지 않는 경우가 있다. 그럴 때는 영업본부장과 마케팅부장이 중재한다. 그래도 여의치 않을 때는 사장인 내가 직접 최종 결정을 내린다. 닛신식품은 이 양 축의 균형과 조화를 맞추는 것으로 경영 환경을 건전하게 유지할 수 있었다고 생각한다.

브랜드 매니저의 일은 쉽지 않다. 하지만 그만큼 보람도 있다. 자신이 세운 계획을 달성하면 승진하고 연봉도 올라간다. 하지만 브랜드 매니저로서의 평가를 얻고 유지하려면 두 개의 벽을 반드시 넘어야 했다. '브랜드 매니저 손익회의'와 '해부회의'가 그것이다.

지금은 '브랜드 매니저 전략회의'로 이름이 바뀐 브랜드 매니저 손익회의는 언젠가부터 '한 달에 한 번씩 훈련받는 날'이라 불릴 정도로 일의 성과를 철저하게 파헤치는 자리다. 월 계획은 달성했는지, 변동이 있었으면 그 원인은 무엇인지, 사태를 개선하기 위해 어떤 조치를 취하고 있는지 등을 세밀하게 따져 묻는다.

나는 브랜드 매니저에게 한 회사의 사장과도 같은 권한을 주었다. 그렇기 때문에 상품만을 가지고 왈가왈부할 수는 없는 노릇이다. 브랜드 매니저는 재료 조달에서부터 연구소와의 절충, 노무 관리, 유통 경로를 확보하기 위한 직접 교섭과 광고 전략에 이르기까지, 손익에 관한 전체적인 책임을 져야 한다. 객관적인 수치를 앞에 두고 변명과 애매한 발언은 허락되지 않는다. 명확하게 대답하지 못한다면 브랜드 매니저로서는 실격이다.

이런 과정을 거치면서 사원들은 경영자로서의 자질을 갈고닦을 수 있는 기회를 갖게 된다. 현재의 임원들과 해외 현지법인 사장들은 대부분 브랜드 매니저를 경험했다. 브랜드 매니저 제도는 미래의 경영자를 양성하는 중요한 역할을 수행하고 있는 것이다.

또 한 가지, 브랜드 매니저가 도마 위의 생선이 되어 잘게 잘려 나가는 해부회의는 신제품이 실패로 끝나 큰 손실을 초래한 경우나 획기적인 성과를 낸 경우에 열린다. 수치상으로는 실패 사례 때문에 열린 적이 많았다.

예를 들면, 계획상으로는 이익이 생기리라 예상한 상품이 1억 엔의 손실을 본 경우, 그 실패 원인은 무엇이며, 책임은 누구에게 있는지를 철저하게 해부한다. 상품 콘셉트는 정확했는가, 상품명과 디자인에 문제는 없었는가, 판매촉진비는 적정하게 처리했는가, 홍보는 효과적이었는가, 맛의 완성도는 만족스러운가 등등을 구체적인 데이터를 들어 설명한다.

브랜드 매니저는 그 브랜드의 사장이기에 어떤 이유로도 책임을 피해 갈 수 없다. 물론 다른 부서에도 책임이 있었다는 주장은 펼칠 수 있다. 그러면 당연히 다른 부서의 반론이 나오고, 치열한 논쟁이 벌어진다. 그리고 마지막에는 언제나 내가 마무리한다. 예를 들면 브랜드 매니저 책임이 40퍼센트이므로 4,000만 엔, 영업본부장 책임이 20퍼센트이므로 2,000만 엔, 광고선전부장은 10퍼센트의 책임을 져야 하므로 1,000만 엔이라는 식이다.

"내 의견에 동의합니까?"

곧바로 이런 반격이 되돌아온다.

"애초에 재미있을 것 같다고 말씀하신 사장님도 책임이 있지 않겠습니까?"

신제품위원회의 위원장인 내게도 화살이 돌아온다.

"할 수 없군요. 그럼 5퍼센트의 책임은 나한테 있는 걸로 하지요."

박수를 치며 환호하는 사람도 있지만, 반면에 불만스러운 표정을 짓는 이들도 있다. 나는 항상 공정한 입장에 서 있어야 한다고 생각한다. 모든 사람을 납득시킬 수는 없는 일이니, 불만을 가진 이들이 생겨나는 것은 어쩔 수 없는 일이다.

잔인하더라도
책임은 분명히 따져라

닛신식품은 신제품의 수요를 예측하고, 성공 요인과 실패 요
인 분석에 도움되는 'ATR 모델'을 시행하고 있다.

A는 어웨어니스(Awareness), 즉 인지율을 말한다. 이는 신제품
인지도가 어디까지 퍼져 있는가를 나타내는 수치다. 인지도를
넓히기 위해 필요한 것은 광고의 힘으로, CF의 영향력과 총 시청
률, 출고 타이밍, TV·신문·잡지·인터넷 등의 크로스미디어 전
략을 종합한 홍보효과를 체크한다. 최종적으로는 타깃에 도달했
는지 여부를 가늠한다. 인지율이 떨어지면 광고선전부장이 책임
을 진다.

T는 초기 구입률인 트라이얼(Trial)을 가리키며, 상품을 출하한 후 양판점·편의점·디스카운트 스토어·소형 소매점 등에 상품이 진열되었는지 여부를 따지되, 업태별 취급률과 취급 기간·가격 설정·상점의 규모·장소·진열된 양이 적절했는지 등이 중요 요인이다.

R은 리피트(Repeat), 즉 재구매율을 말한다. 이는 그 상품을 한 번 구입한 소비자가 그 상품을 또다시 구입하는지 여부를 확인하는 지표로, 맛·품질·가격 등 상품 전체의 완성도가 요구되는 부분이다. 브랜드 매니저의 상품 콘셉트는 정확했는지, 개발 연구소·생산부·자재부 등이 품질을 유지해 매력 있는 상품을 완성했는지를 검토한다.

나는 언제나, 이 ATR 모델을 로켓을 쏘아 올리는 것에 비유하곤 한다. 신제품을 로켓에 인공위성을 실어 우주로 쏘아 올리는 것과 같다고 가정해보자.

인지율을 나타내는 A는 로켓을 쏘아 올리는 각도와 연료인 셈이다. 어느 방향에 어느 각도로 쏘아 올려야 하는지, 그리고 쏘아 올리기 위해 액체 연료와 고체 연료를 얼마나 실어야 하는지는 광고선전비와 판매촉진비에 해당한다.

초기 구입률을 나타내는 T는 엔진의 크기 내지는 분사력이다. 이는 가격과 정착화, 출하량 등이 유지될 수 있는가 하는 영업력 그 자체다.

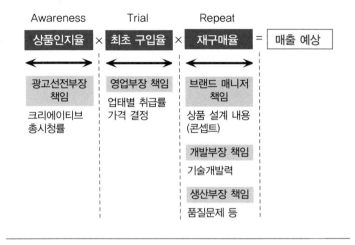

ATR 모델

Awareness Trial Repeat

| 상품인지율 | × | 최초 구입율 | × | 재구매율 | = | 매출 예상 |

광고선전부장 책임
크리에이티브
총시청률

영업부장 책임
업태별 취급률
가격 결정

브랜드 매니저 책임
상품 설계 내용
(콘셉트)

개발부장 책임
기술개발력

생산부장 책임
품질문제 등

재구매율을 표시하는 R은 로켓이 제 궤도에 오르기 위한 순항 속도다. 이 속도를 유지하는지 여부는 신제품의 설계에 관여한 브랜드 매니저와 개발 스태프의 노력에 크게 좌우된다.

이 세 가지 조건을 충족하지 못하면 신제품은 정상궤도에 오르지 못한다.

해부회의에서 담당자의 책임을 문책할 때 주관적인 판단은 객관성과 공정성을 떨어트린다. 그래서 ATR 모델을 기준으로 삼아 조금 더 객관적으로 판단할 수 있도록 하고 있다.

해부회의를 하는 목적은 관계자 전원이 실패 요인과 성공 요인을 철저하게 분석하고 확인하는 데 있다. 다시는 같은 실패를 되풀이하지 말고, 성공 경험은 다 같이 공유하자는 취지다. 여기서 재미있는 것은, 성공 사례의 경우 누가 관여했는지 물으면 거의 모두가 손을 드는 반면에, 실패한 경우에는 극소수만 손을 들고 나머지는 모른체하는 경우가 많다는 것이다.

나는 일에 대한 책임은 개인에게 있다고 생각한다. 연대 책임은 누구에게도 책임이 없다는 의미다. 해부회의에서의 분석 결과와 책임 비용 내역은 공식적인 해부회의 의사록에 기록해 영구 보존한다. 의사록을 읽다 보면 어처구니없는 경우도 적지 않다. 재판소의 판결문 같은 착각이 들 만큼 격한 문구들로 가득하다. 창조성이 전혀 없다는 등 예상은 전부 빗나갔으며, 계획성도 추진력도 없다는 등 인정사정없다. 지금 당장 닛신식품을 그만두면 어디에서도 받아주지 않을 것 같은 무능한 사람으로까지 표현되어 있다.

하지만 물론 손해를 본 만큼 급여에서 차감하는 일은 결코 없다. 관리직은 전원 연봉제이며, 그해 성과에 따라 다음 해 연봉을 책정한다. 해부회의 의사록은 단지 참고만 하는 많은 자료들 중 하나일 뿐이다.

대부분의 브랜드 매니저 경험자들은 빚을 안고 있지만 개중에는 "나는 3억", "나는 5억"이라며 빚을 훈장처럼 자랑하는 이들도 있다. 그다지 반가운 일은 아닐 테지만, 이것도 자유롭게 일할 수 있는 분위기가 조성된 증거라고 본다.

실제로 5억 엔의 손실을 내고도 임원에 오른 사람도 있다. 오래전 이야기지만, 중국식 라면의 경쟁이 치열했을 때, 한 프로덕트매니저가 신제품을 개발해 발매하고는 곧바로 망해버리는 일을 반복해 42억 엔의 광고 선전비를 깨끗이 날려버린 적이 있었다. TV 광고를 할 때는 일시적이나마 판매량이 잘 나와 기대했지만 금방 또 망해버리곤 했다. 이런 골치 아픈 상품은 성적이 안 좋다가도 가끔 한 번씩 큰 승리를 안겨줘 예뻐할 수도 미워할 수도 없다. 때마다 홍보하고 광고한 결과 상품 판매량은 많이 늘어났지만 그만큼의 본전만 챙기고는 자멸하고 말았다. 그는 그 후 영업본부장이 되었고, 지금은 계열 회사의 사장이 되어 또 한 번 정열을 불태우고 있다.

닛신식품은 경쟁도 있지만 패자부활전도 있다. 나는 이런 다소 장난스럽지만 활기차고 밝은 분위기를 앞으로도 소중히 지켜나가고 싶다.

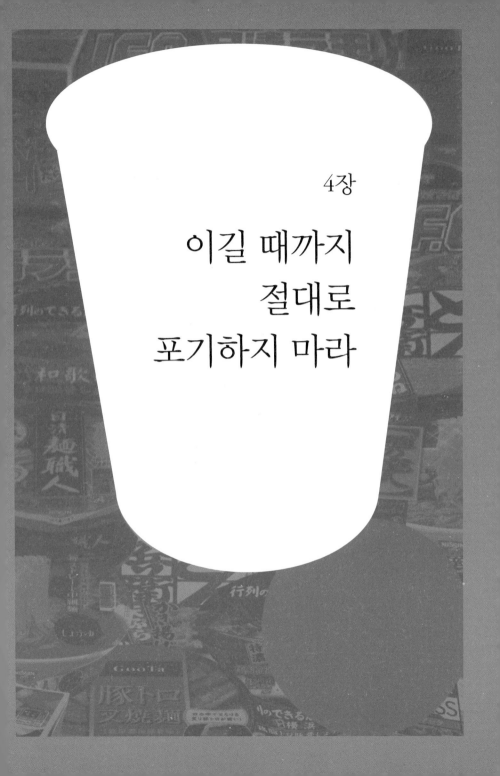

4장

이길 때까지
절대로
포기하지 마라

"지키려면 싸워 이겨야 한다!"

신제품 경쟁에서 살아남으려면
계속 싸우는 수밖에 없다.
다소의 위험은 감수하더라도 언제나
그 분야의 1등 브랜드를 목표로 싸워 이겨야 한다.

연간 300종의
신제품을 발매하다

사람은 새로운 제도가 생겨나도 곧바로 그에 적응한다. 또한 조직은 생겨날 때부터 진부해지게 마련이다. 브랜드 매니저 제도도 10년이 지나자 신제품 개발이 주춤해졌다. 그래서 나는 카테고리 1등 전략을 더 강하게 밀어붙여, 회사 안에서의 경쟁을 더욱 높이는 시스템이 없을까 고민했다. 그러다 떠올린 것이 한 상품으로 브랜드 매니저끼리 경쟁하는 '브랜드 파이트 시스템' 이었다.

이것은 브랜드 매니저가 소유한 브랜드 명으로 다른 브랜드 매니저가 신제품을 개발할 수 있도록 한 시스템이다. 한마디로 브랜드 쟁탈전이다. 다만, 브랜드 매니저의 브랜드를 함부로 건드려서는 안 되기에 상품 개발은 극비리에 진행했고, 반드시 신제품위원회의 승인을 받도록 했다.

돈베이 브랜드 매니저가 시푸드 누들의 상품 디자인을 빌려 매운맛이 강한 시푸드 야키소바를 발매한 적이 있었다. 시푸드 야키소바는 편의점을 대상으로 한 상품이었다. 시푸드 누들을 관리하고 있는 브랜드 매니저는 "서양 스타일의 스낵면이라는 시푸드 누들의 이미지가 무너질 우려가 있으니 야키소바에 시푸드를 사용하는 것은 자제해주었으면 한다"며 반대했다. 하지만 신제품위원회는 시푸드 야키소바가 신상품으로서 가치가 있고, 지금까지 없었던 야키소바 시장을 개척할 수 있으리라는 이유로 사용을 승인했다.

물론 이 시스템에도 두 가지 규칙이 있다. 첫째, 브랜드를 사용하는 브랜드 매니저는 오너 브랜드 매니저에게 매상 금액의 0.5퍼센트를 브랜드 사용료로 지불해야 한다. 둘째, 만약 이 상품이 시장에 정착해 수익이 나왔을 경우에는 사용 브랜드 매니저의 매입 청구를 받아들여, 오너 브랜드 매니저는 그 브랜드를 매입하고 자신의 브랜드로 관리해야 하는 의무를 가진다. 매수 금액은 브랜드 가치를 예상되는 현금 수입과 지출을 현재가치로 할인하거나 감가상각 전 영업이익 등의 수익성 평가지표로 자동적으로 환산되도록 했다.

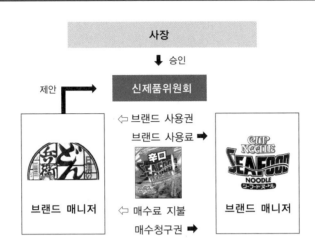

매운맛이 강한 시푸드 야키소바는 브랜드 파이트 시스템 시행 후 첫 상품으로 기대를 한 몸에 받았지만 눈 깜짝할 사이에 판매량이 줄어들어 3개월도 채 되지 않아 발매를 중단해야 했다. 매수는 고사하고 손실이 나왔기에 해부회의에 올려졌다. '타도 컵 누들!'을 실현할 수 있을 것 같다고 들떠 있다가 제 발에 걸려 넘어진 것이다.

참고로 이때의 해부회의 의사록을 들여다보면, 손실 금액은 발매 중단으로 인한 재고 발생으로 1,300만 엔, 영업이익 마이너스 700만 엔으로, 총 2,000만 엔이었다. 통상적으로 해부회의에

오를 상품들의 손실액은 억 엔 단위였으나 시푸드 야키소바는 최소 금액을 기록했다. 그래도 브랜드 파이트 시스템으로 나온 첫 번째 상품이었기에 실패 요인을 철저하게 분석해야 했다.

심의 끝에 책임 분담은 이렇게 정했다. 브랜드 매니저는 40퍼센트의 책임을 져 800만 엔, 마케팅부장은 10퍼센트의 책임으로 200만 엔, 편의점 담당 영업부 차장은 25퍼센트로 500만 엔, 영업기획부장은 15퍼센트로 300만 엔, 영업본부장은 10퍼센트로 200만 엔이며, 나는 책임을 면할 수 있었다. 영업 관계자의 책임이 50퍼센트나 되는 것은 편의점에서 상품을 팔기 위한 바이어와의 교섭에 실패한 것이 가장 큰 요인으로 작용했다고 보았기 때문이었다.

최근에는 치킨라멘의 브랜드 매니저가 '면의 달인' 브랜드를 빌려 '찍어 먹는 면의 달인'이라는 상품을 발매했다. 이는, 여름에 치킨라멘 판매량이 떨어지는 것을 막기 위해 생각해낸 상품이었다.

그렇다면 브랜드 파이트 시스템은 어떤 효과를 가져왔을까? 솔직히 말해 성공률은 극히 낮았다. 하지만 모든 브랜드 매니저가 바짝 긴장하지 않으면 자신이 얻을 수 있는 기회를 다른 브랜드 매니저에게 빼앗길 수도 있다는 사실에 전전긍긍했다. 마케팅 부서 내의 경쟁에 다시 한 번 불을 지핀 것이다.

브랜드 매니저 제도는 1990년에 제도화해 20년 가까이 계속

되어 왔다. 일곱 명의 브랜드 매니저가 아홉 명이 된 것 말고는 지금도 그대로 유지하고 있다. 프로덕트매니저 제도를 시행하고 있을 때는 신제품 수가 연간 두자릿수에도 못 미쳤다. 그러던 것이 브랜드 매니저 제도를 시행하고 나서는 신제품 수가 현재 리뉴얼 상품을 포함해 연간 300종을 웃돌고 있다. 연간 300종의 신제품이 나온다는 것은 일주일에 하루를 제외하고는 거의 매일 하나씩 신제품을 발매하고 있다는 계산이 된다. 닛신식품에서 나오는 것만 이렇다. 인스턴트라면 업계 전체로 본다면 신제품 수는 매년 600종을 넘어선다. 개수는 많지만 1년 후에 점포에 남아 있을 확률은 1퍼센트밖에 되지 않는다. 인스턴트라면 시장은 식품업계 중에서도 소문난 격전지다.

여기서 또 한 번, 아버지에게서 쓴소리가 나왔다.

"이런 걸 두고 총 솜씨가 서툴러도 많이만 쏘면 맞는다고 하는 게다."

지당하신 말씀이기에 굳이 반론은 하지 않았다.

하지만 진심은 그렇지 않다. 이 신제품 경쟁은 소모전이다. 살아남으려면 계속 싸우는 수밖에 없다. 신약 개발에 몇백억 엔을 투입하는 의약업계와는 다른 세계다. 소비자의 맛에 대한 기호는 점점 더 다양해지고 나날이 바뀌고 있다. 서툰 사격수라 해도 상관없다. 다소 위험이 있더라도 언제나 퍼스트 엔트리를 목표로 하고 탄환이 다 떨어질 때까지 총을 놓지 않았기에 브랜드 매니저 제도가 매년 300가지 아이템을 자동적으로 시장에 내놓는 멀티 프로덕트 제조 시스템이 된 것이다.

이 신제품 경쟁이 가속화된 것은 판매 시점에서의 단품 정보와 고객 정보 관리를 자동화한 편의점의 포스(POS) 시스템 때문이었다. 편의점은 매우 좁은 공간에 약 3,000가지 상품을 진열하며, 카테고리별로 진열대 수도 협소하다. 인스턴트라면 진열대는 약 90센티미터 되는 공간이 한두 개 있다. 그 작은 공간에 연간 600개의 상품이 진열된다. 포스 시스템에 의해 매일매일의 상세한 판매 데이터가 본부로 집약된다. 편의점 책임자는 당연히 잘 팔리는 상품을 우선적으로 진열한다.

여기서 무서운 것은 주간 판매량이 떨어지는 상품은 가차 없이 퇴출된다는 점이다. 더 무서운 것은 '죽는 상품'이 무엇인지 끊임없이 지켜보고 있는 사람이 있다는 점이다. 진열대에 빈 공간이 생기면 자신의 상품을 진열해달라는 브랜드 매니저들과 경쟁 회사의 영업자들이 눈에 불을 켜고 달려든다.

자신의 상품이 진열대에서 밀려난 브랜드 매니저는 애원한다.

"더 열심히 할 테니 조금만 더 진열대에 올려주실 수 없나요?"

하지만 편의점 책임자는 언제나 냉철한 판단을 내린다.

"팔리는 상품과 죽는 상품은 제가 정하는 것이 아니라 소비자가 정합니다."

이는 영원히 변하지 않는 진리다.

우리는 이처럼 급격하게 변화하는 시장 상황에서 도망치지 않고 적극적으로 그 흐름에 동참했다. 협소한 진열대의 경쟁에서 맞서 싸워 이길 수 있는 전략을 세운 것이다. 그 정답은 브랜드 매니저 제도에 있었다.

편의점의 포스 시스템은 생산자에게는 엄격한 반면 상품 개발자에게는 큰 도움을 주었다. 그전까지 고전적인 리서치에 많은 시간을 할애해 신제품을 개발하고 발매하기까지 1년 이상 걸리던 것이 포스 시스템 덕분에 현재는 6개월, 빠르면 2개월에도 가능해졌다. 실시간으로 집약되는 편의점의 포스 시스템 덕분에 개발 속도가 단숨에 줄어든 것이다.

슈퍼마켓과 편의점의 매장에 가서 직접 관찰해보면 알 수 있지만, 신제품이 없는 진열대는 먼지만 수북하게 쌓인다. 음료와 과자, 화장품 등이 진열된 곳은 언제나 신제품 경쟁으로 활기가 넘쳐난다. 보고만 있어도 흥분된다. 소비자도 마찬가지다. 신제품 경쟁이 활발해서 활기가 넘치는 진열대에는 사람들이 모이게 마련이다. 인스턴트라면은 그런 전형적인 상품이다. 제품이 소비자들에게 확실히 자리잡지는 못하더라도, 늘 새로운 상품으로 새로운 먹을거리를 제안하면서 매장 전체를 자극하는 것 또한 중요한 일이다.

참고로, 브랜드 매니저 제도를 도입하기 1년 전인 1989년 닛신식품의 인스턴트라면 시장점유율은 31퍼센트였다. 이것이 9년 후인 1998년에는 42퍼센트로 증가했다. 9년 만에 10퍼센트나 증가한 것이다. 이는 브랜드 매니저 제도를 시행함으로써 얻은 성과라고 생각한다. 다소의 무의미한 작업과 불공평한 상황이 발생하더라도 회사 안에서의 경쟁을 유도하는 것이 회사를 크게 성장시켰다. 나는 그렇게 확신한다.

앞에서 언급했듯이 나는 이노베이션과 마케팅이 회사를 움직이는 가장 중요한 원동력이라고 생각하고 있다. 이를 이루기 위해 가장 효율성 높은 사업 구조를 생각하고 만들어왔다고 자부한다. 회사의 엔진을 움직이게 하는 중심축은 브랜드다. 그 브랜드를 개발하기 위한 중심핵이 브랜드 매니저 제도다.

나는 줄곧 머릿속에 그려온 구상을 어떻게 하면 시각적으로 표현할 수 있을까 고민해왔다. 말만으로는 이미지가 잘 전달되지 않기 때문이다. 예를 들면, "닛신식품의 사업 구조는 어떤 형태인가?"라는 물음에 "달걀형"이라고 대답할 수 있다. 이 달걀 속에는, 생산자로서의 제조·공급 시스템이 있으며, 그 끝부분이 소비자와의 접점이다. 달걀의 중심에 있는 브랜드가 끊임없이 상하운동을 반복하며 신제품을 내놓고, 그 주위에 있는 브랜드 매니저가 많은 부서의 도움을 받으며 브랜드를 활성화시킨다.

각각의 기업이 어떤 구조를 가지고 사회에 공헌하는지를 도식화해본다면 각양각색의 모습이 나올 것이다.

종단면도

관리 · 재무 · 인사

연구기술개발
안전관리

생산

광고 · 선전

영업
판매촉진
가격정책

유통 · 물류

임원회의

신제품위원회

브랜드 축

브랜드 매니저 축

횡단면도

돈베이

컵누들

브랜드 군
(현재 약 30가지
주요 브랜드)

**아홉 명의
브랜드 매니저**
(현재)

UFO

치킨라멘

기타

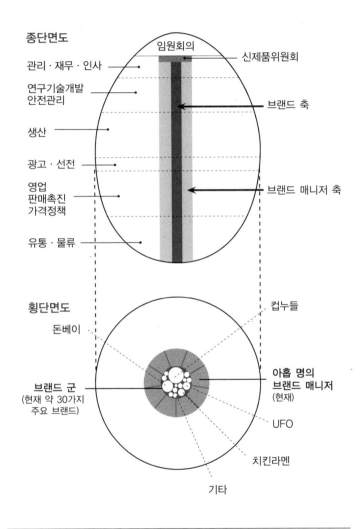

브랜드 매니저가 만든
대히트 상품, '라오'

여기서, 브랜드 매니저 제도에 힘입어 크게 성공한 상품을 소개해보고자 한다.

인스턴트라면 업계에서는 연간 100만 박스, 혹은 연간 20억 엔의 매출을 올리면 히트상품이라 부르고 있다.

브랜드 매니저 제도를 시행한 1990년 여름, 치킨라멘의 브랜드 매니저가 봉지라면인 치킨라멘을 사발 용기에 담은 '치킨라멘 돈부리' 를 발매했다. 별다른 기술 혁신이 있었던 것은 아니다. 봉지라면을 사발형 컵 용기에 담은 단순한 마케팅 아이디어였지만, 발매된 그해에 80억 엔이라는 매출을 올렸다. 소비자는 변화를 원하고 있었던 것이다. 순조로운 출발이었다.

이듬해에는 데마에잇쵸의 브랜드 매니저가 '데마에잇쵸 돈부리'를 발매했다. 이것 또한 봉지라면을 컵라면으로 바꾼 것이다. 제법 팔리기는 했지만 이미 시도한 방식이어서 큰 이익은 기대할 수 없었다.

그 다음 해에는 컵누들의 브랜드 매니저가 '머그 누들'을 발매했다. 이번에는, 반대로 컵라면을 봉지라면으로 바꾼 것이었다. 컵누들의 면을 조금 작게 만들어 개별 포장한 봉지라면으로, 머그컵에 담아 먹는다는 새로운 라이프스타일을 제안한 상품이었다. 식사에 곁들이는 수프와 같은 세련된 감각이라는 평을 받아 젊은 여성들과 주부들에게 인기가 높아, 연간 매출 100억 엔을 넘는 히트상품이 되었다.

브랜드 매니저 제도가 낳은 최대의 히트상품은 라면왕이라는 이름의 '라오'일 것이다.

인스턴트라면은 라면 전문점에서 끓여 먹는 라면과 달리 맛과 향이 독특하다. 어느 것이 진짜고 어느 것이 가짜라는 차원의 문제가 아니다. 이 둘은 전혀 다른 음식이다. 그 점에 있어서는 소비자들도 잘 알고 있으며, 컵누들과 전문점의 라면 중 어떤 것이 더 맛있는지를 비교하는 사람도 없다. 무엇보다 이 둘은 접하는 상황이 다를 뿐만 아니라 가격 또한 차이가 난다.

하지만 내게는 몇 가지 이루어야 할 사명과도 같은 것이 있었는데, 그중 하나가 라면 전문점에서 끓여 나오는 생라면의 식감과 질감을 가진 인스턴트라면을 개발하는 것이었다. 세븐일레븐과 공동 개발한 '잇푸도' 등의 유명 라면 전문점 시리즈는 라면 전문점에서 끓여 나오는 생라면과 같은 맛을 재현해내기는 했지만 열풍건조한 면을 사용했다. 내가 정성을 다해 개발에 몰두한 것은 생라면을 건조시키지 않고 상온에서 장기간 보존할 수 있게 해, 거기에 뜨거운 물을 붓는 것만으로도 먹을 수 있는 라면이었다.

하지만 이런 상품은 경쟁 회사에서 이미 발매했으며, 우동과 라면이 상품화되어 있었다. 닛신식품에서도 조금 늦기는 했지만 한 브랜드 매니저가 생우동인 '혼나마 우동'을 발매했다. 이 상품은 생라면을 완전히 밀봉 포장하여 장기간 보존이 가능하도록 한 '롱-라이프(Long-Life)면'이었다. 롱-라이프면은 생라면에 가까운 식감을 가졌지만, 면의 쫄깃함과 윤기, 면에서 느껴지는 풍미와 목으로 넘어갈 때의 느낌 등은 생라면과는 달랐다. 제대로 멸균 처리하지 않아 곰팡이가 생겨 회수하는 사고도 있었다.

닛신식품 연구소에서는 "라면이라면 지금 당장이라도 가능하니까 상품화합시다"라고 말했다. 롱-라이프면 시장은 조금씩 확대되고 있었고, 머지않아 큰 시장을 형성할 것 같은 분위기가 느껴졌다. 하지만 나는 지금까지의 기술로 볼 때 획기적인 신제품은 나오지 않으리라 생각했다. 이미 경쟁 회사에 뒤처진 상황이었기에 서두르기보다는 완벽한 상품이 나올 때까지 시간을 두고 연구하는 편이 나을 것 같았다. 늦게 시작하더라도 선두 회사보다 빠른 속도로 달려 나간다면 전혀 문제되지 않기 때문이다. 나는 전담 브랜드 매니저를 선발하고, 20명의 연구원을 모아 프로젝트팀을 만들었다. 그렇게 완성되기까지는 1년 반이 걸렸다.

기존에 발매된 롱-라이프면은 식감과 풍미에 있어 소비자의 기대에 부응하지 못해 시장이 점점 위축되고 있었다. 역전은 고사하고, 정신이 들고 보니 이미 경주는 끝난 시점이었다. 그런 상황에서 신상품을 발매했다. 그렇게 1992년에 '닛신 라오'를 세상에 선보였다.

희망소매가격은 컵누들보다 100엔 비싼 250엔으로 책정했다. 당시 일본 사회는 아직 버블경제의 여운이 남아 있어, 맛이 좋다면 다소 비싸더라도 사 먹겠다는 분위기였다.

발매 첫해 6개월간의 판매량은 300만 박스였다. 이듬해에는 단숨에 1,280만 박스로 늘었다. 총매출액은 380억 엔. 닛신식품으로서는 간만에 나온 대히트 상품이었다. 롱-라이프면 시장에 다시 한 번 불이 붙기 시작했다. 그런데 롱-라이프면이 롱-라이프 우유와 혼동되기 쉬워 '생타입면'으로 정식 명칭이 바뀌었고, 품질 규격을 통과해 안전도 보장되었다.

라오의 히트에 힘입어 다시 한 번 생우동에 도전했다. 라오의 브랜드 매니저 옆에 있던 브랜드 매니저가 쫄깃하고 두꺼운 면을 강조한 '곤부토'라는 신상품을 발매했다. 곤부토는 3년 연속 100억 엔이 넘는 매출을 올렸다. 기세는 무서웠다. 여기에 다른 브랜드 매니저가 전대미문의 영역이었던 파스타에 도전했다. 생 스파게티인 '스파오'가 그것이다. 이것은 단숨에 700만 박스, 약 200억 엔의 매출을 올렸다. 그때까지 제분회사의 영역이었던 파 스타 시장을 무너뜨릴 수 있는 계기도 되었다. 발매하는 신제품 마다 히트를 이어가며, 1995년에는 닛신식품의 생타입면 총매출 이 500억 엔을 넘어섰다. 스타트는 늦었지만 단숨에 선두주자를 앞질러 독주 상황이 된 것이다.

회사 안에서는 생타입면 상품군을 이끌어가는 라오를 치킨라 멘, 컵누들에 이은 '제3의 창업 상품'이라고 부르기 시작했다. 당 연히 창업자인 아버지가 기분이 상했을 것은 말할 필요도 없었 다. 아버지는 생타입면의 품질에 상당히 신경 쓰는듯했다. 그러 고는 "그렇게 들뜨지 말거라"라며 언제나처럼 쓴소리를 했다.

'라오', 컵누들의
아성에 도전하다

인스턴트라면의 경우 조금은 장난스럽기도 한 마케팅 아이디어로도 100억 엔의 매출은 올릴 수 있다. 하지만 500억 엔이라면 이야기가 달라진다. 500억 엔은 쉽게 벌 수 있는 금액이 아니기 때문이다. 이를 위해서는 상품에 새로운 부가가치를 부여하는 기술 혁신이 필요해진다. 라오를 개발할 때도 생라면 특유의 맛을 잘 표현해내고 장기간 보존할 수 있으려면 기술적으로 발전해야만 했다. 이 문제를 해결하기 위해 프로젝트팀을 결성했고, 당시 닛신식품 중앙연구소에 소속된 연구원들이 이 문제를 담당했다.

당연한 이야기지만 생라면은 수분이 많다. 제대로 관리하지 않으면 세균이 번식해 곰팡이가 생기기 때문에 유통기한은 길어야 1개월에서 40일이다. 이를 5개월을 유지할 수 있도록 해야 했다.

우선 면에 산성 처리를 하고 장시간의 살균 과정을 거쳐 완전하게 밀봉 포장했다. 산성 처리하면 균이 발생하는 것을 억제할 수 있지만 라면 특유의 쫄깃함을 만드는 간수가 알칼리성이기 때문에 두 성분이 중화되어 면의 쫄깃함이 없어지고 만다. 그래서 면을 형성하고 있는 밀가루에 함유된 글루텐이라는 단백질 성분의 망상 구조를 산성화에도 견딜 수 있도록 해야 했다.

면 개발팀의 책임자는 이미 오래전부터 면 개발에는 정평이 나 있었다. 품질 규격 기준에 맞는 인스턴트라면을 만들 때 참가한 그는 그 뒤로 오로지 기술 개발에만 몰두해, 후에 즉석식품공업협회 기술위원장을 맡아 업계 전체의 발전에도 공헌했다.

그가 한탄을 늘어놓았다.

"유통기한을 5개월로 늘리기 위해서는 면을 산성화시켜 pH를 5.5로 유지해야 하지만, 그러면 알칼리성인 간수와 반응해 면 맛이 없어집니다."

pH란 산성과 알칼리성의 농도를 나타내는 수치로, 이 수치가 낮을수록 산성이 강하다. 그는 화학 전문가 입장에서 이야기했지만 나는 화학에 대한 전문 지식이 없었기에 일반인 입장에서 무슨 말이든 할 수 있었다.

"그럼 산성에서도 쫄깃함을 낼 수 있는 재료를 찾으면 되지 않나요?"

"그건 불가능합니다."

"왜 불가능하죠?"

이런 대화가 이어져 갔다. "왜?"라고 물어본다고 없는 답이 나올 리 없었다.

그러는 중에 다른 연구원이 화학 공장에서 알긴산을 가져왔다. 알긴산은 해초에서 얻을 수 있는 증점제의 일종으로, 물에 용해되면 끈적거림이 더해져 물질을 더욱 단단하게 만들 때 사용하곤 한다. 그것으로 곧바로 실험에 들어갔다. 면에 넣어 반죽해보니 상온에 며칠 놓아둔 떡처럼 딱딱하게 굳어버려 먹을 수 없었다.

"삼층면 기술을 응용해보는 건 어떨까요?"

내가 제안했다. 삼층면 기술은 닛신식품이 보유하고 있는 특허기술이었다.

"면이 딱딱해지는 건 단층면이기 때문에 그렇습니다. 이 면을 삼층면의 중간에 넣어 주위를 전분과 같은 부드러운 재질로 덮는다면 문제없을 것 같습니다."

이 프로젝트를 위해 자재부에서 급히 연구소로 다시 불러들인 한 연구원이 의욕을 보이기 시작했다.

일본의 최대 연휴기간인 5월 초의 골든위크가 다가오고 있었다. 나는 "다들 연휴는 반납할 생각으로 일합시다. 그 대신 이 일이 성공하면 특별휴가를 드리겠습니다"라며 연구원들의 의욕을 돋워주었다.

프로젝트팀의 노력으로 골든위크가 끝날 즈음에 pH 4.6 이하에서도 식감 좋은 면을 완성했다. 3층으로 된 면의 위아래에 윤기를 더하고, 그 중심에는 알긴산을 넣어 쫄깃함을 살린 독특한 면이었다. 우리는 이것을 '슈퍼 네트워크 기술'이라 불렀고, 열 건의 특허기술을 등록했다.

기술적인 벽을 돌파하려면 화학자와 기술자의 상식을 깨는 일반인의 발상이 의외로 먹힐 때가 있다. 극한 상황까지 기술자를 몰아넣어, 기술자가 기존에 갖고 있던 지식과 상식에서 벗어날 때 새로운 발상이 태어난다. 이것이 정체와 도약의 경계점이라고 나는 생각한다. 라오 개발에 크게 공헌한 연구원들은 이후 닛신식품 계열사 사장과 연구소의 중역이 되었다.

많은 준비를 거쳐 발매한 라오의 가격은 250엔으로 책정했다. 이런 비싼 가격에 과연 잘 팔릴지 불안하기도 했지만, 발매되자마자 편의점에서는 라오 상품들이 컵누들을 제치고 판매량 1위와 2위를 다투었다. 내가 '타도 컵누들!'을 외치고 나서 처음 있는 일이었다. 누가 주로 먹는지 조사해보니, 컵라면의 주 구매층이 10대인 것과 달리 라오의 주 구매층은 20대와 30대 남성들이라는 사실을 알 수 있었다.

이에 따른 홍보 전략에도 닛신식품만의 독창적인 방식을 채택했다. 저녁 7시부터 11시까지의 골든타임에 비해 라오의 주된 소비자인 20대와 30대 남성들이 TV를 많이 보는 심야시간대는 광고료가 싼 편이었다. 그래서 전국적으로 심야 TV 프로그램의 협찬 광고 대부분을 사들였다. 프로그램 시작 전후에 '닛신 라오 제공'이라는 글자가 선명하게 찍혀 나갔다. 더구나 라면을 한 젓가락 입에 넣은 뒤 "라오~"라고 외치는 코믹한 CF를 본 젊은 층이 늦은 밤에 편의점으로 달려가는 일이 속출해, 물량이 부족해지는 일도 일어났다.

당시 데이터에 의하면, 한 주 동안 방영된 CF의 총 시청률과 그 주 편의점에서의 판매량 수위가 맞아떨어졌다. CF를 방영하면 주간 판매량이 단숨에 올라갔고, CF를 줄이면 판매량이 곧바로 줄어들었다. 하지만 얼마 후에는 CF를 늘리거나 줄여도 판매량은 거의 변동이 없었다. 이는 소비자의 반복 구매가 다시 제자리로 돌아왔다는 증거였다. 라오는 단기간에 컵누들과 같은 정착 상품이 된 것이다. 이 데이터는, 신제품이 발매된 후 TV 광고와 편의점의 판매량이 어떤 상관관계를 가지며, 상품이 어떻게 정착되는지를 보여주는 대표적인 사례라 할 수 있다.

'타도 컵누들!'이라는 슬로건을 내걸며 진행해온 브랜드 매니저 제도에서 드디어 본격적인 히트상품이 탄생한 것이다. 놀라운 것은 연간 500억 엔이라는 생타입면 시장이 기존 컵라면 시장에는 전혀 영향을 주지 않았다는 점이다. 라오는 컵누들과 경쟁하는 일 없이 새로운 소비자층을 창출했다.

하지만 2008년 닛신식품의 생타입면 매출액은 100억 엔에 못미쳤다. 500억 엔의 매출을 올리던 전성기에서 13년이 흐른 지금, 시장이 이렇게까지 위축된 것이다. 원인은 크게 세 가지를 들 수 있다.

첫째는, 닛신식품의 기술이 독보적이었던 탓에 추격해오는 경쟁 회사가 없었다는 점이다. 업계 내에 경쟁이 존재하지 않으면 시장은 더 이상 커지지 않는다. 생타입면을 먹으려 할 때 라오밖에 고를 수 없는 상황이 계속되자 소비자들이 질리기 시작한 것이다.

둘째는, 매장에서의 경쟁이었다. 편의점의 방침 때문에 가공식품을 멀리하는 경향이 생겨, 도시락·삼각김밥·야채 등이 진열대에 많이 올랐다. 또한 조리면이라 불리는 생라면과 우동·소바 등이 이미 조리가 다 된 건더기, 수프와 함께 용기에 담겨 판매되었다. 생타입면인 라오가 이들과의 경쟁에 휘말려, 하나밖에 없는 '소비자의 배'를 차지하기 위한 쟁탈전을 벌이게 된 것이다.

세 번째 원인은 회사 안의 경쟁이었다. 라오의 성공 후 다른 브랜드 매니저들이 연이어 '타도 라오!'를 외치며 신제품 개발에 열을 올렸다. 고품질·고가 컵라면 시장에 너도나도 참가해, 자사의 상품끼리 같은 연령층을 타깃으로 치열한 공방을 펼친 것이다.

'손님들이 줄지어 먹는 라면집의 라면'이라는 뜻의 '교레츠노 데키루 미세노 라멘'을 발매했을 때였다. 이 상품은 깊은 맛이 나는 수프를 장점으로 내세워 250엔에 발매한 고품질 컵라면이었다. 애초에 이 브랜드는 어린이를 대상으로 한 상품으로 개발한 것으로, 당시 담당 사업부장이 생각해낸 이름이었다. 처음 들었을 때는 이름이 너무 길어 답답하기도 했지만 예상외로 소비자들의 반응이 좋았고 상품도 잘 팔렸다. 이를 눈여겨본 다른 브랜드 매니저가 이를 재빠르게 컵라면에 응용해 자신의 브랜드로 만들어버렸다.

또한 '면의 달인'은 면을 철저하게 분석해 장인이 만들어낸 면과 같은 맛을 재현했지만 '생라면과 같은'이라는 홍보 문구를 사용함으로써 생라면과 생타입면의 경계선을 애매하게 만들어버렸다. 마지막에 일격을 가한 것은 '구타'였다. 구타는 최고급 식재료와, 생타입면에 이렇게 많이 들어가나 싶을 만큼 많은 건더기 양을 자랑하는 상품이다.

이 둘은 생라면에 가장 가까운 면의 질감을 재현할 수 있는 열풍 건조법을 채택한 상품이었다. 이처럼 라오는 매년 경쟁 라면에 조금씩 시장을 빼앗겨 왔다.

이 세 가지가 생타입면이 처음의 대단한 호응과 달리 시간이 지날수록 판매가 떨어진 중요한 이유지만, 시장 흐름도 적지 않은 원인으로 작용했다. 발매 직전에 일본의 버블경제가 붕괴되고, 이후 '잃어버린 10년'이라는 일본 경제의 긴 침체기에 돌입하는 시점에 디스플레이션의 소용돌이가 일기 시작하자 소비자들의 지갑도 닫혀버린 것이다. 1998년에는 250엔이었던 라오를 200엔으로 내리는 전대미문의 가격 인하를 감행하기도 했다. 업계에서는 처음 있는 일이라 많은 주목을 받았다. 가격 인하로 판매량이 일시적으로 늘기는 했지만 완전한 회복 상태에는 이르지 못했다. 그때 나는 가격을 낮춘다고 잘 팔리는 것이 아니라는 쓰디쓴 교훈을 얻었다.

이런저런 역경을 헤쳐 나가고 있을 무렵, 이번에는 가격 경쟁과는 다른 문제에 직면했다. 라면 시장에서 지역 음식 붐이 끝나고, 그 지역 음식을 만드는 요리사에게 이목이 집중되기 시작한 것이다. 유행은 지역의 유명 라면 전문점에서 유명 라면 전문점의 요리사로 빠르게 바뀌어 갔다. 브랜드 매니저들도 이 흐름에 불을 지피는 신제품들을 연이어 발매했다.

라오는 이 변화에 대적하기 힘들었다. 시대 흐름에 뒤처져 곤부토·스파오를 포함한 생타입면 상품의 전체 매출이 1/5로 줄어들었다.

아쉽기는 하지만 어쩔 수 없는 일이었다. 생타입면의 하락세는 자연스러운 흐름이었다. 우리가 경쟁 상품을 개발해내지 않았다면 아마도 경쟁 회사의 신제품에 먹혔을 것이다. 단지 그뿐이다. 반성은 하지 않는다.

면담과 무인도 체험,
사원들과 한 몸이 되다

닛신식품은 오래전부터 소수정예주의를 지켜오고 있다. 닛신식품은 1,500명의 사원으로 구성되어 있다. 사원 한 사람당 매출액, 한 사람당 이익으로 본다면 아마도 식품업계에서는 최고가 아닐까 생각한다. 사원 수를 늘리지 않은 것은 단순히 인건비를 줄이기 위해서가 아니다. 빠르게 움직이고 신속하게 의사소통할 수 있는 경영을 위해서다.

창업자는 언제나 "닛신식품은 위대한 중소기업으로 남고 싶다"고 말했다. 나 또한 적어도 모든 사원들의 이름과 얼굴을 기억할 만큼 친밀감을 유지하고 싶었다. 그래서 매년 봄에 300명에 가까운 관리직 사원들을 대상으로 면담을 하고 있다. 바쁜 업무 중에도 한 사람씩 적어도 30분은 만나고 있고, 그렇게 모두와 만나는 데 3개월이 걸린다.

특히 "담배는 끊으세요", "요즘 살이 좀 찐 것 같은데 체중을 조절하세요"라는 말은 반드시 건넨다. 그들의 건강을 우선적으로 생각해서 하는 말이기는 하지만, 속뜻은 그게 아니다. 식품회사 직원은 언제나 미각을 유지해야 한다. 담배를 피우면 시식할 때 잘못 판단할 수 있다. 이는 젊은 시절 상당한 골초였던 내가 하는 말이기 때문에 틀림없는 사실이다. 또한 대사증후군을 가진 사람도 곤란하기는 마찬가지다. 스스로 본인의 체중을 조절할 수 있는지 여부는 관리직의 중요한 자질이다. 소비자와 거래처 사람들이 그들을 보고 인스턴트라면을 많이 먹어서 살쪘다는 생각한다면 곤란하기 때문이다.

"체중을 10킬로그램 빼면 연봉에 10만 엔 더 얹어 주겠습니다! 하지만 실패하면 마이너스 10만 엔입니다!"

살이 찌기 시작하는 관리직 사원에게 나는 이렇게 약속했다.

닛신식품에서는 일찍이 관리직 연봉제를 도입해, 1년에 한 번 있는 관리직 면담 날에 연봉을 책정하는 시스템을 취하고 있다. 프로야구 선수의 연봉 교섭과 비슷한 구조. 책정 기준이 되는 것은 1년간의 업무 성과와 관리 능력 향상, 인간적인 성장 여부 등이다. 하지만 이의를 제기하는 이들도 있다.

"저는 열심히 일했습니다."

그러면 나는 이렇게 대응한다.

"지금 한 '열심히'라는 것은 다른 회사라면 좋은 평가를 받을지도 모르지만 닛신식품에서는 평가 대상이 되지 않습니다."

나는 인격 전체를 부정하지는 않는다. 그 사원의 재능은 다른 곳에서는 분명 빛을 낼 것이라는 여운이 담긴 말로 끝낸다. 사실이 그렇기 때문이다.

남의 좋지 않은 부분을 지적한다는 것이 내키지 않지만 나는 오히려 더 말해주는 편이다. 아무런 이유도 듣지 못한 채 마이너스 평가를 받는 것보다는 낫다고 생각하기 때문이다. 사람마다 다르기는 하지만, 의욕이 있는 사람은 분명 반성할 것이고, 인간적인 성장도 이룰 것이다.

인간은 한 사람 한 사람 다 다르기 마련이다. 나는 그 한 사람 한 사람이 가지고 있는 됨됨이가 보고 싶다. 그렇기 때문에 질문 내용도 점점 일에 관한 것에서 벗어나게 된다. 가족 구성, 연애관, 인생 목표 등도 항상 물어본다. 사실 내가 가장 알고 싶은 것은 그 사람의 가치관이다. 가치관을 알면 그 사람의 일에 대한 사고방식과 적성을 파악할 수 있다. 이것은 배치전환이나 후에 임원을 선발할 때 매우 중요한 판단 기준이 된다. 양복으로 말하면 기성복 생산이 아니라 맞춤복 생산인 셈이다. 각자가 스스로 헤쳐 나갈 수 있는 자립심을 키워주고 싶은 것이다.

나는 그런 진지한 마음으로 묻지만, 쑥스러워서인지 좀처럼 말을 잇지 못하기도 한다.

"제 인생 목표는 열정입니다!"

이렇게 말하는 사원이 있었다.

"장난치지 말고 좀 더 구체적으로 얘기해보세요."

이야기를 들어보니 다른 사원들과는 달랐다. 나중에 이 사원이 CEO를 해도 되겠다 여겨질 정도였다. 관리직 면담을 보다 보면 가끔 이런 재미있는 인재를 찾아내기도 한다. 정말 즐거운 일이다.

면담실의 문 바로 옆에는 체지방률까지 잴 수 있는 체중계가 있다. 들어오면 우선 그 체중계에 올라서야 한다. 관리직 면담의 사전약속이다.

여기서 아까 말한 10킬로그램을 빼기로 한 사원이 들어와 체중계에 올라섰다. 감량하기로 한 10킬로그램에 조금 못 미쳤다.

"약속한 10킬로그램을 빼지 못했군요."

"그럴 리가 없습니다."

그는 그렇게 말하곤 벨트를 풀고 바지를 벗기 시작했다.

"아침에 집에서 쟀을 때는 분명 지금보다 덜 나갔습니다."

점심을 먹어 체중이 늘어났다고 말하고 싶었던 모양이다.

"알았으니까 그만 바지 입으세요."

나도 모르게 이런 말이 나왔다. 회사 안에서 사원의 옷을 벗겼다는 소문이라도 나면 곤란한 일이다. 믿어주기로 했다. 물론 약속한 10만 엔도 연봉에 보태주었다.

후에 이 일로 회사 감사를 맡고 있는 변호사에게 주의를 들어야 했다.

"체중의 감량 여부로 급여를 깎거나 하는 것은 인권 침해 소지가 있습니다. 그러니 어디까지나 본인을 위한다는 마음으로 하십시오."

듣고 보니 그렇기도 했다.

내 질문으로 얻은 관리직 사원들의 개인 데이터는 전부 내 휴대용 단말기에 기록되어 있다. 아내의 나이와 자녀 수 등은 매년 업데이트하고 있다.

"아이가 많이 컸겠네요?", "둘째는 아직인가요?", "부인은 잘 지내시죠?" 등의 말을 건네면 긴장감이 감돌던 분위기가 한결 부드러워진다. 사장이 가족을 기억하고 있다는 사실만으로도 사원들은 감격한다. 사실 기억하고 있는 것은 내가 아니라 전자수첩과 휴대용 단말기지만.

하지만 이 휴대용 단말기에는 좋은 것만 저장되어 있는 것은 아니다. 해부회의에 오른 브랜드 매니저는 물론 그 밖의 책임자의 손실액도 모두 저장되어 있다. 이 휴대용 단말기로 누가 어떻게 이익에 공헌했는지 등을 손쉽게 파악할 수 있도록 하고 있다.

나는 관리직 면담을 그 사람을 알아가는 과정이라고 생각한
다. 엄마가 만드는 육아일기와도 같은 것이다. 오랜 시간 관찰하
다 보면 이전까지의 업무 성과에서는 볼 수 없었던 그 사람의 잠
재능력이 보이기도 한다. 따라서 이 면담은 한 번만으로는 의미
가 없다. 매년 반복해서 대화를 나누어야 의미가 있다. 어떨 때는
감정적으로 언쟁을 벌이는 일도 있다. 쉽지 않은 일이기는 하지
만, 진심으로 사람과 마주 본다는 것은 중요한 일이라 생각한다.

관리직 사원들을 교육하기 위해 단체 연수를 하는 회사가 많
다. 하지만 이는 사원들을 틀 안에 집어넣고 똑같은 사람이 되라
고 하는 것과 다를 바 없다. 닛신식품에서는 머리를 단련시키기
보다는 정신력을 단련시킨다. 이제 막 신임 과장이 된 사람들을
모아, 무인도 체험이나 야간 산행을 실시하고 있다. 집단 행동이
아니라 개인 행동을 원칙으로 한다. 무인도 체험에는 찬반논란
이 많고, 특히 "위험하다"거나 "나이도 먹을 만큼 먹은 사람들에
게 그런 걸 시켜봐야 이미 늦었어" 등의 의견도 많았지만, 나는
그렇게 생각하지 않는다. 무인도 체험은 그 어떤 상황에서도 과
감하게 앞으로 나아갈 수 있는 인재를 육성하는 최고의 방법이
라고 생각한다. 인간이란 귀로 들은 것은 잊을 수 있지만 몸으로
체험한 것은 절대 잊지 않기 때문이다.

무인도 체험은 수많은 반대 속에서도 내가 밀고 나간 제안이
었기에 나도 함께 참가한다.

무인도에 들어가 물, 쌀, 치킨라멘을 비롯한 최소한의 생필품만으로 2박 3일을 견뎌야 한다. 세면도구·지갑·라이터·휴대전화는 금지 물품이다. 휴대전화에서 벗어나면 모든 스트레스로부터 해방될 줄 알았는데 오히려 그 반대였다. 왠지 모르게 불안해졌다. 무인도에 남겨졌다는 불안보다 정보화 사회에서 격리된 불안이 더 큰 까닭이었다.

무인도에 도착해서 먼저 한 일은 화장실을 만드는 것이었다. 그 뒤에 불을 피우고, 물고기를 잡았다. 평소에는 소심해 보이는 사원이 나서서 주변에 흐르는 아무 물이나 마셔보고는 마실 수 있을만한 물을 찾아오기도 했다. 비가 세차게 쏟아졌다. 불을 피우기 위해 막대기를 비벼보았지만 좀처럼 불이 붙지 않았다. 불씨는 금방 생겼지만 신문지 위에 올리면 불씨가 꺼져버렸다. 나무 부스러기를 막대기에 대고 같이 비비자 겨우 불이 붙었다. 불씨를 불로 바꾸기 위해 상당한 칼로리를 소비해야 한다는 사실을 새삼 깨달았다. 불붙이기에 성공한 사람들은 죽통을 냄비 삼아 물을 끓이고, 거기에 치킨라멘을 넣어 먹는다. 불을 지피지 못한 사람은 옆에서 지켜볼 수밖에 없다.

먹기 위해서는 불을 지펴야 한다는 당연한 사실을 우리는 잊고 있었다. 문명의 힘에 의존해 그 능력을 잃어버린 것이다. 자생력을 갖는 것이 무인도 체험의 목적이다. 자생력이란 무엇 하나 없이도 살아갈 수 있다는 자신감이다. 스스로 해결하겠다는 일종의 각오로, 자생력이 있는 사람은 회사에 어떤 일이 있어도 결코 동요하지 않는다.

2박 3일이라는 짧은 시간이었지만, 배가 고프면 먹을 것 외에는 아무것도 생각나지 않는다는 것도 깨달았다. 무인도의 해변에 어선 한 척이 도착했다. 문어를 팔러 온 것이다. "지금은 돈이 없으니 치킨라멘과 바꿔달라"고 부탁하는 사람도 있었고, 내게 "급여는 되었으니까 일만 시켜주세요" 애원하는 이들도 있었다. 아버지에게 자주 들어온 "먹는 것이 충분하지 못하면 문화와 예술도 없다"는 말을 실감했다. 동시에 치킨라멘의 맛과 고마움도 뼈저리게 느꼈다.

전략적 경영으로
사원들의 경쟁력을 일깨우다

브랜드 매니저 제도와 관리직 연봉 면담 등을 시행하면서 사원들과의 거리도 많이 줄어들었다. 한 사람 한 사람의 경영 감각이 진화되어 가는 것을 느꼈다.

나는 이런 경영 감각을 일반 사원들도 가질 수 있었으면 했다. 그런데 총무부와 인사부 사원들에게 경영 감각을 주입시키는 것은 쉬운 일이 아니었다. 경영 감각을 키우기 위한 일환으로 "코스트 의식을 가져라!" 강조해도 매출과 이익 관리에 경험이 없는 그들은 무엇을 어떻게 해야 할지 갈피를 잡지 못했다.

아버지는 늘 "사원 한 명 한 명이 자신의 한 시간을 경비로 환산하게 하라"고 말했다. 급여, 사택 비용, 교통비, 연금, 전화요금에 이르기까지 회사가 지불하는 모든 개인 경비를 계산해서 사원 한 사람 한 사람이 자신이 사용하는 비용을 산출해보라는 의미였다.

"그 비용을 알면 회사에 와서 멍하니 앉아 있을 수만은 없을 것이다."

업무 시간을 낭비하는 것이 얼마나 회사에 경제적 손실을 가져오는지 아느냐는 아버지 특유의 표현이었지만, 이를 실제로 계산해보는 사원은 거의 없었다.

모든 것이 브랜드 매니저를 중심으로 움직이는 회사 풍토를 달갑지 않게 보는 사원들이 있었다. 어떻게 해서든 그들에게 코스트 의식을 갖게 해서, 이를 활성화할 수 있는 새로운 시스템이 필요했다. 그 해결책으로 만든 것이 1998년에 도입한 '전략적 사업 단위제' 다.

모든 사원을 7, 8명씩 묶어 유닛이라는 소집단으로 나눈다. 각 유닛은 과장 또는 계장이 리더가 되어 연초에 업무 목표를 정해 인사부에 제출한다. 그 목표는 모두 계량화되어 숫자로 표시된다. 한 해가 끝나면 목표 달성도가 인사부에 의해 다섯 단계로 평가되고, 그 평가에 따라 특별 보너스를 지급하는 시스템이다. 이 보너스는, 상반기와 하반기에 지급하는 연 2회의 정기 상여금과는 별도다. 사원들로서는 연봉에 포함되지 않는 순수한 보너스인 것이다.

이 보너스는 사원당 평균 약 60만 엔을 지급한다. 유닛 자체의 달성도를 평가하는 곳은 인사부지만, 유닛에 지급된 총금액을 개인에게 분배하는 것은 그 유닛의 책임자다. 책임자는 자신을 포함해 유닛 구성원의 공헌도를 다섯 단계로 나누어 평가한다. 그 평가한 단계에 따라 보너스 금액도 달라진다. 당연한 이야기지만 이 평가 방식에도 원칙은 존재한다.

평가에는 반드시 차이를 두어야 한다. 모두가 사이좋게 평가 3점은 허용되지 않는다. 상대평가를 하려면 최고 점수 5점인 사람이 있으면 최저 평가 1점인 사람도 반드시 있어야 한다. 유닛 전원의 평균 점수가 3점이 되어야 하는 것이다. 책임자는 유닛 구성원들을 모아놓고 평가 이유를 설명해야만 한다. 특히 평가 점수가 낮은 사람에게는 왜 이렇게 평가했는지 정확하게 말해야 한다. 내가 관리직 사원들을 면담할 때와 같은 입장이다. 결과적으로 그 유닛의 책임자가 유닛 구성원 전체를 납득시켜야 하는 것이다.

"우리 유닛의 책임자는 가정이 있고 승진이 걸려 있으니까, 저는 낮아도 상관없으니 그의 점수를 더 올려주세요"라고 호소하는 젊은 여성 사원이 있었다. 눈물이 날 것 같은 이야기였다. 인사부는 당황했는데, 나는 다른 유닛 구성원들도 그렇게 생각한다면 그 의견에 따라야 한다고 생각한다. 결국 조직이란 것도 사람으로 구성된다. 사람의 마음이 가장 중요한 것이다.

한편으로는 불만도 나온다. 성과주의를 관철하는 이상 불만을 해소할 수 있는 구조 또한 절대적으로 필요하다. 그렇지 않으면 평가에 대한 신뢰를 얻을 수 없기 때문이다. 이때 닛신맨 십계명 중 하나인 '사장에게 직접 말하라'가 효과를 발휘한다.

"최저 평가 1점을 받았는데 도저히 납득이 가지 않습니다"라는 메일을 받았다. 그때 메일을 보낸 사원에게 피해가 없도록 주위를 기울여, 그 유닛의 책임자에 대해 조사한 적도 있었다.

인사부에는 더 다양한 주문이 온다. 가장 절실했던 것은 "책임자를 바꿔주세요"라는 요청이었다. "그 밑에서는 좋은 실적을 올릴 수가 없습니다"라는 내용이었다. 특정 인물에 대해 여러 사람이 불만을 토로할 때는 그를 교체하는 경우도 있다.

반대의 경우도 있었다. "사람이 부족해 누구라도 좋으니 보내주세요"라던 책임자가 얼마 지나지 않아 팀원을 줄여달라고 했다. 새로 들여온 직원이 의욕적이지 못해 유닛의 코스트에도 악영향을 끼쳐 반품 요청한 것이다. 코스트 의식이 빈약한 관리직 사원들에게, 고정비를 줄여 경비를 삭감하자는 움직임이 퍼져 나갔다. 동시에 유닛들 사이에도 경쟁이 치열해져, 서로 긴장감 있는 관계를 유지할 수 있었다.

"인사부는 인사권을 가지지 마라!"

나는 항상 이렇게 말한다.

인사부에는 인사권을 손에 쥐고 승진, 좌천, 징계를 휘두르는 무서운 부서라는 이미지가 따라붙는다. 그러나 닛신식품의 인사부는 좋은 인재를 공급하고, 유닛의 요청에 귀를 기울이는 서비스 부서로 인식되고 있다. 인사부 사원이 유닛의 책임자에게 "이번에 배정된 사원은 일을 잘하고 있는지요?"라고 물으며 회사 안을 돌아다니는 현상도 일어났다. 바람직한 일이라 생각한다.

회사 안에 새로운 시스템을 투입하면 반드시 오래된 시스템에 영향을 끼치게 된다. 예를 들면, 이 제도를 시행하면서, 회사의 중심축이 되어온 브랜드 매니저 제도에 예상하지 못한 영향을 주었다. 거의 모든 사원이 자신이 속한 유닛의 이익을 최우선적으로 생각해, 브랜드 매니저의 존재감이 줄어들기 시작한 것이다. 브랜드 매니저가 경비를 불필요하게 지출하면 담당 지원 부서 사원이 "안 됩니다"라고 당당하게 말할 정도였다.

이를 지켜보면서 '앞으로도 브랜드 매니저가 제 기능을 다 할 수 있을까?', '브랜드 매니저 공모에 응하지 않는 것은 아닐까?' 걱정이 되었다.

그래서 2004년 새롭게 '직무 연봉제'를 도입했다. 이는 관리직의 직무에 따라 매출·이익 공헌도에 맞는 고정된 연봉을 책정하는 제도다. 광고선전부장은 얼마, 영업부장은 얼마라는 식의 직무 연봉을 사내에 공표하여 희망자를 모집하는 공모 제도다.

30대에 부장이 되면 연봉이 두 배 이상 뛸 수 있다는 뜻이다. 또한 외부의 우수한 인재를 특별 채용할 수 있는 계기도 되었다. 이로써 다시 한 번 회사 안에 경쟁 분위기를 조성하고, 인사 책정도 연공서열에서 능력주의로 단숨에 바꿀 수 있었다.

브랜드 매니저의 연봉도 책임이 무거울수록 높게 책정했다. 영업과장이 컵누들의 브랜드 매니저가 되면 연봉이 100만 엔 오른다. 브랜드 매니저 그룹의 멤버들은 특별 유닛으로 취급해 급여의 평가 수준을 다른 유닛보다 높게 설정했다. 이렇게 함으로써 브랜드 매니저와 마케팅부 사원들의 일에 대한 의욕도 유지할 수 있었다.

닛신식품은 앞으로도 계속 사내 경쟁과 능력주의를 관철함으로써 강인한 회사로 만들어나갈 것이다. 그 중심축이 되는 것은 역시 브랜드 매니저다. 브랜드 매니저 제도를 시행한 지 20년 가까이 되었지만 아직도 그 기본 구조는 변하지 않았다.

1998년에 도입한 전략적 사업 단위제는 2008년 닛신식품이 주식회사 닛신식품 홀딩스로 전환하면서 'SBC(Strategic Business Cell) 제도'로 명칭을 변경했다. 여기서 셀(Cell)은 세포라는 뜻으로, 닛신식품 그룹 전체를 하나의 인간으로 간주하고, 인간이 건강하려면 세포 조직 하나하나가 건강해야만 하며, 그만큼 세포 하나하나가 중요하다는 의미를 담고 있다. SBC의 각 셀에는, 이

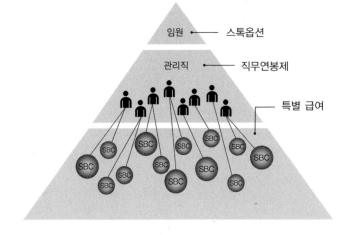

닛신식품 홀딩스의 직급별 인센티브 제도

임원 — 스톡옵션

관리직 — 직무연봉제

특별 급여

전 제도와 같이 목표 달성에 따른 특별 급여를 지급한다.

관리직에게는 공모제에 따른 '직무연봉제'가 적용되며, 공평한 기회를 부여하고 있다. 임원들에게는 '스톡옵션'을 도입했다. 이렇게 모든 임원들과 사원들의 업무 능력, 경영 공헌도에 따라 인센티브를 주는 구조를 만들었다.

수성경영,
지키려면 공격하라

　몇 번이고 하는 말이지만, 새로운 제도와 조직은 생겨났을 때부터 진부해지기 시작한다. 정부의 행정 개혁도 그렇지만, 세상의 변화에 맞춰 끊임없이 바꾸어 나가지 않으면 언젠가는 피폐해질 수밖에 없다. 나는 브랜드 매니저 제도를 만든 뒤에도 잇달아 새로운 제도를 도입했고, 그때마다 새로운 문제에 직면해 또다시 개혁해야만 했다. 방침이 자주 바뀌는 것은 좋지 않지만 회사로서는 어쩔 수 없는 일이다. 경제는 살아 있는 동물과도 같아서 세상의 움직임에 빠르게 대응하지 못하면 살아남지 못한다.

　나는 No.1 전략을 위해 가장 경쟁적이며 공격적인 회사 분위기를 조성하려고 노력해왔다. 상품 개발과 홍보, 영업 등 마케팅에 직접적으로 관여하는 부서뿐만 아니라 재무와 인사, 해외의 현지법인을 통틀어 그룹 전체가 '컵누들 신드롬'에서 벗어나도록 하는 체제를 만들어왔다. 이 경쟁적 구도는 경쟁 회사였던 묘죠식품이·닛신식품의 자회사가 된 후에도 독립성을 유지하기 위해 '타도 닛신식품!'을 외치면서 한층 더 가속화되었다.

이것을 '매니지리얼 마케팅(Managerial Marketing)'이라고 한다. 단순한 마케팅이 아닌, 경영적 시점, 혹은 경영자적 시점에서 효율적인 마케팅을 추구한다는 의미다. 내 경우에는 경쟁적인 매니지리얼 마케팅 체제를 구축하기 위해 끊임없이 새로운 제도를 도입해왔다. 2008년 10월 '지주회사제'로 전환했을 때도 새로운 제도를 도입했다. 모든 임원들에게 스톡옵션 제도를 도입함으로써 경영에 대한 참여의식을 높이는 계기를 만들었다.

'글로벌 전략 플랫폼'이라는 구조도 만들었다. 현재 닛신식품 홀딩스 내에는 연구소와 마케팅·재무 등 전문 분야를 담당하는 여덟 명의 최고임원이 있는데, 그들이 전 세계의 최첨단 정보를 수집하고 분석해서 비즈니스에 효과적으로 활용해나가고 있다. 또한 디자인연구소와 마케팅전략연구소 등을 해외로 이전해 원재료·기계·기술 등의 조달이 원활하게 이루어지도록 했다.

또 하나는 '오픈 서킷 시스템(Open Circuit System)'으로, 그룹 내의 경영 자원에 얽매이지 않고, 부족한 자원은 외부에서 끌어오는 개방형 경영 시스템을 회사에 적용했다. 사업·콘셉트·인재 등을 적극적으로 조달해오도록 한 것이다.

내가 생각하는 이상적인 경쟁 구조가 이제 겨우 해외에까지 미치게 되었다. 앞으로 이 구조 안에서 경영 자질이 넘치는 경영자와 능력이 뛰어난 사원들이 많이 나오기를 기대한다.

5장

브랜딩 1등
기업으로
가는 길

"오직 그것뿐인 회사로 키워라!"

소비자는 한 가지 상품만 기억한다.
따라서 진열대를 먼저 차지하는 브랜드가
되기 전에 소비자에게 '오직 그것뿐'인
브랜드가 되어야만 한다.

불황 속의 성공 전략, '구타'의 실험

디플레이션으로 인해 "싸지 않으면 팔리지 않는다"고 생각하는 것은 편견이라고 본다.

어떤 시대라도, 품질이 좋고 그만큼의 가치가 있다고 판단되는 상품이면 구입하는 고객은 반드시 존재한다. 중요한 것은 그 가격에 맞는 가치가 있는가, 혹은 그 이상의 가치가 있는가 하는 것이다.

인스턴트라면이라는 대중적인 상품이라도 놀라움과 감동이라는 부가가치가 더해진다면 소비자는 다소 비싸도 반드시 살 것이다. 그래서 나는 이렇게 생각했다.

가끔은 브랜드가 고객을 선별해도 괜찮지 않을까? 그 선택된 고객이 안정적으로 상품을 사준 결과 브랜드가 정착되어 살아남을 수만 있다면 아무런 문제가 되지 않는다. 그런 전략을 가능하게 하는 방법은 없을까?

일본 전역을 뒤흔든 버블경제가 붕괴되고, 그 붕괴의 후유증이라던 '잃어버린 10년'도 거의 끝나갈 무렵, 나는 그런 사업을 구상했다. 그 해답 중 하나가 '구타'였다.

이 제품은 2002년 10월, 편의점을 중심으로 발매했다.

가격은 컵누들의 두 배인 300엔이었다. 인스턴트라면으로는 가장 비싼 가격이었다. 상품 콘셉트는 이름에서도 알 수 있듯이 '구타(具多)', 즉 '건더기가 많다'였다. 상품명은 상품의 대한 모든 것을 표현해내는 것인 만큼 금방 이해되는 이름이었다.

인스턴트라면에 대한 소비자 만족도를 조사해보면 언제나 건더기에 대한 만족도가 가장 낮았다. 수프와 면은 시간이 지날수록 높아지는 반면 건더기에 대한 만족도는 7퍼센트로, 소비자의 욕구를 충족하지 못했다. 이유는 간단했다. 수프와 면은 각 인스턴트라면 생산 회사가 상당한 시간과 비용을 들여 연구에 몰두해 라면 전문점에도 뒤처지지 않을 만큼 진화했다. 하지만 건더기는 진공 동결 건조 방식이나 마이크로웨이브 건조 방식을 이용하기 때문에 신선도와 식감이 소재 본연의 맛에 미치지 못했다. 본래의 식감에 가깝도록 고온살균 방식을 취하면 가격이 비싸진다. 그런 딜레마가 건더기의 개량을 늦어지게 한 원인이었다. 언제부터인가 소비자들도 인스턴트라면의 건더기는 원래 그런 것이라고 인식하게 되었다. 인스턴트라면의 건더기를 즐거움도 감동도 없는 것으로 만들어버린 것은 다름 아닌 라면 생산자 자신이었다.

애초에 라면이란 주식과 반찬과 국이 하나의 그릇에 담긴 음식이다. 그중에 가장 중요한 것은 주식이 되는 면이며, 그 면이 맛있어야 하기 때문에 생산업체들은 면 개발에 전력을 다해왔다. 그 다음이 수프고, 건더기는 마지막이었다. 인스턴트라면은 편리하고 맛도 있지만 뭔가 좀 부족하다는 아쉬움이 있는 것도 사실이다. 그 이유는 반찬이 충분하지 못했기 때문이 아닐까 생각했다.

그래서 나는 편의점 전용 상품을 개발하는 브랜드 매니저를 불러, "다음 신제품은 건더기가 테마입니다. 건더기에는 아직 개발 여지가 남아 있으니 철저하게 연구하세요"라고 지시했다.

건더기를 개발하면서 가장 문제되었던 것은 350엔 이하로는 가격을 책정할 수 없다는 점이었다. 350엔은 너무 비쌌다. 이 가격으로는 시중에 발매할 수 없다. 이런저런 해결책을 모색한 결과, 중국에 생산 기지를 구축하는 방안이 나왔다. 닛신식품은 이미 오래전부터 원재료를 세계 각지에서 조달해왔다. 비용 절감을 위해서라면 어디든 싸게 조달할 곳이 많았다. 하지만 세계 각지에서 온 재료들을 일일이 확인하면서 상품으로 만드는 일은 시간이 많이 걸린다. 그리고 예정된 재료가 하나라도 늦게 도착하면 제조와 발매도 다 같이 늦어진다. 그런 리스크를 피하려면 생산 기지를 어느 한 곳에 집중해야 했다. 다행히 중국은 고기와 야채, 해산물 등 풍부한 식재료를 갖추고 있어 손이 많이 가는 재료를 싸게 만들 수 있었다. 또한 그 여러 가지 재료의 조합으로 얼마든지 새로운 건더기를 개발할 수도 있었다. 같은 해 중국에 식품안전연구소를 세운 일도 있어, 불안하게 여겨지던 중국산 식재료에 대한 안전성 또한 확보할 수 있었다.

중국에서는 이전까지 이런 작업을 해보지 않았다. 제품의 품질 유지부터 물류 관리까지, 모두 일본 기술을 옮겨 현지 노동자들을 교육시켜왔기 때문이다. 그런 의미에서 중국 생산 기지는 닛신식품으로서도 새로운 생산 구조를 구축할 수 있는 좋은 기회였다.

중국 생산 기지에서 여러 가지 건더기를 개발했다. 중국식 구운 돼지고기를 사용한 건더기는 고기의 제맛을 살리기 위해 사람이 직접 구워 고압살균기에 담갔다. 삼겹살을 사용한 건더기는 중국식 냄비에 잘 볶아 냉동 건조했다. 중국식 만둣국에 들어가는 작은 만두인 완탕은 엄선된 재료만을 사용해, 하나하나 직접 사람 손으로 빚었다.

이런 노력이 있었기에 건더기를 풍부하게 사용하면서도 가격은 300엔으로 낮출 수 있었다. 이로써 가격 이상의 부가가치를 창출해냈다고 생각한다.

"건더기에 놀라움이 있는 컵라면!" 이것이 구타의 캐치프레이즈였다.

구타라는 상품명은 오래전부터 내 머릿속에 있었다. 하지만 여러 사람들에게 말해주어도 재미있다는 사람보다는 "그렇구나" 하는 미적지근한 반응이 대부분이었다. 담당 브랜드 매니저는 '구타'가 굼뜨다, 게으르다는 뜻의 '구타라'로 들린다며 반대했다.

"구타라는 이름은 마음에 들지 않습니다. 바꿔도 될까요?"

브랜드 매니저에게는 "생각해봅시다"라고 대답했지만 사실 내 마음속으로는 이미 결정 난 상태였다.

나는 상품 이름뿐 아니라 상품의 기획과 광고 전략 등을 결정할 때도 모두가 재미있다고 한 것은 채택하지 않는다. 전원이 찬성하는 의견은 의외로 실패하는 경우가 많았기 때문이다. 반대 의견이 절반을 넘으면 묘하게 기분이 들뜨고 의욕이 생긴다. 반대하는 사람은 뭔가 마음에 걸리는 것이 있다는 뜻이다. 고객의 마음을 사로잡기 위해서는 '마음에 걸리는 그것'이 필요하다.

"많이 생각해보고, 다른 사람들과도 이야기를 나누어봤지만 구타에 견줄만한 이름은 결국 나오지 않았습니다."

브랜드 매니저는 아쉬운 표정으로 말했다.

박리다매의 유혹에
넘어가지 마라

구타의 가장 큰 문제는 300엔이라는 높은 가격이었다. "싸지 않으면 팔리지 않는다"는 디플레이션 사회에 대한 일종의 도전이기도 했다. 소비자가 정말 저가 상품만 구매한다면 비즈니스는 붕괴되기 때문이다.

현재 일본의 유통 구조상 가장 큰 문제 중 하나는 소매점들이 너무 많다는 데 있다. 거기에 디플레이션이 급습했다. 점포들 사이에는 저가 경쟁이 가속화되어 가격을 내리지 않으면 팔리지 않으리라는 공포감마저 조성되었다. 솔직히 나는 모든 상품의 가격이 내려가는 디플레이션 상황에서는 낮은 가격으로 많이 팔아 이익을 남길 수밖에 없기 때문에, 결과적으로 강한 브랜드만이 살아남을 것이라 믿었다. 하지만 이것은 틀린 생각이었다. 강자의 논리는 통용되지 않는다는 사실을 깨달은 것이다.

브랜드의 힘과는 관계없이, 판매 수량을 늘리기 위해 막대한 판매촉진비를 쏟아부어, 결과적으로 매출은 유지되더라도 이익이 남지 않게 된 것이다. 특히 식품산업은 수요가 한정되어 있는 시장이어서 점유율에도 한계가 있었다. 잃는 것은 이익뿐만이 아니다. 브랜드의 가치마저 떨어지기 시작한다.

가격의 경우, 소비자와 기업 간에는 분명 인식의 차이가 존재한다. 소비자는 '좋은 상품이라면 사지만, 같은 것이라면 싼 것이 좋다'고 생각한다. 그것은 너무나 당연한 논리다. 그런데 저가 정책이 계속되면 '더 싸지는 것이 당연하다'는 인식이 퍼지게 된다.

인간의 사고와 기억은 뇌의 신경회로에 같은 신호와 자극이 반복적으로 전해지면서 형성된다. 저가라는 자극이 계속 주어지면 다음은 더 싸질 것이라고 생각하게 된다. 싼 것이 당연한 것이 아닌, 더 싸지는 것이 당연하다는 인식이 굳어지는 것이다. 그 이상의 가격으로는 더 이상 아무도 사지 않게 된다. 디플레이션의 악순환이다. 그래서 '가격은 마물(魔物)'이라고 부르기도 한다.

양판점에서 컵누들을 특가 상품으로 팔아 컵누들 가격이 점점 더 떨어지는 상황에 이른 적이 있었다. 소비자도 이를 당연하게 받아들이기 시작했다. 저가 상품만을 노리는 '바겐헌터'의 먹잇감이 되면 브랜드의 자산가치는 떨어지고, 컵누들은 그저 그런 상품이 되고 만다. 그 뒤는 브랜드의 붕괴, 생산자의 자멸뿐이다.

유럽이나 미국의 슈퍼마켓은 상시할인제도, 즉 모든 상품을 언제나 싸게 파는 전략을 취하고 있다. 이 전략은 그 구조상 상품 가격이 갈수록 최저 가격에 가까워질 수밖에 없다. 브랜드의 가치와 품질을 적정 가격에서 유지하고자 하는 나의 의지와는 맞지 않는 구조였다.

반대로 '하이&로우(High & Low)' 방식이 있다. 평상시에는 정가에 팔면서 가끔 한 번씩 특가로 판매하는 것이다. 소비자는 정가를 알고 있기 때문에 싸게 살 수 있는 기회라는 생각을 갖게 되고, 특가 판매 시기에 너도나도 그 상품을 구매한다. '이득을 봤다'는 쇼핑의 즐거움을 만끽할 수 있는 것이다. 아무리 싸더라도 언제나 같은 가격으로는 그런 즐거움은 얻을 수 없다. 그래서 상시할인제도는 일본 사람들에게 익숙하지 않다.

일본 사람들은 가격으로 상품을 구매한다. 싼 게 비지떡이라는 의식이 강하다. 품질은 그 다음이다. 반면에 미국이나 유럽 사람들은 품질을 먼저 선택하고 그 후에 가격을 본다. 자기 나름의 가치관에 따라 충분히 납득한 후 구매하기 때문에 일정한 만족도를 가질 수 있다. 이런 국민성을 알지 못하면 가격 책정 시 실수하게 된다.

일본 사람들만큼 물건을 구매하는 행위 그 자체에 즐거움을 느끼는 국민도 없을 것이다.

"전부터 이게 꼭 사고 싶었어"라며 구매한 사람들이 많다. "전에는 이런 가격이었는데 지금은 그것을 얼마에 살 수 있어"라며 자랑하기도 한다. 여기서 중요한 것은 '얼마에 샀다'가 아니라 '전에는 이렇게나 비쌌다'라는 정보다. 내가 상시할인제도보다 하이&로우 방식을 선호하는 것은 이런 이유에서다.

다만 특가 판매의 경우 판매촉진비가 따른다. 전단지 제작, 매장 진열대 추가 등 생산 회사의 조건이 충족되기만 한다면 판매촉진비가 드는 것은 감안하겠지만, 단지 매출 목표를 달성하기 위해 무리해서까지 저가로 판매할 필요는 없다고 생각한다. 하이와 로우의 차이는 30퍼센트가 한계다. 특가 판매가 끝나면 재빨리 정가로 되돌린다. 이것이 하이&로우 방식에 대한 기본자세다.

시대는 바뀌고 있다. 소득의 격차가 벌어지고, 그에 따라 가치관의 양분화도 심해지고 있다. 아무리 대중적인 상품이라도 불특정 다수가 요구하는 것을 모두 다 충족시킬 수는 없다. "아무나 사주세요"라는 자세는 버려야 한다. 그래서 닛신식품은 그 상품에 어울리는 사람들에게 그 상품을 사주기를 바라는, 기업이 고객을 끌어당기는 판매 정책으로 전환했다.

사실 이런 생각을 분명하게 한 것은, 이토추상사의 사장이었던 니와 우이치로(현 중국대사)로부터 조언을 듣고 나서부터였다.

　"일본은 앞으로 사회 계층이 양분되므로 각각에 대응해서 상품을 개발해야 한다."

　이토추상사의 회장에 이어 고문이 된 그는 지금도 내게 귀중한 조언과 충고를 아끼지 않고 있다.

상품 가치를 알아주는
고객에게 집중하라

그래서 현재 취하고 있는 것이 '우량 고객 전략'이다. 이것은 우량 고객을 확보하기 위한 목적으로 한 판매 촉진책이다.

한 예로 점포의 계산대를 이용한 쿠폰 서비스가 있다. 쿠폰이라고 해서 전단지에 쿠폰을 인쇄하는 기존 방식이 아닌, 돈베이를 구매한 고객의 영수증 뒷면에 다음에 또 돈베이를 구매하는 경우 'ㅇ엔 할인'이라는 문구를 새겨 넣어, 영수증이 그대로 쿠폰이 되는 방법이다. 경쟁 회사의 야키소바를 구입한 고객에게는 '닛신 야키소바 UFO를 구매하시면 ㅇ엔을 할인해드립니다'라는 문구를 새겨 넣은 별도의 영수증을 건네기도 했다. 이 경우에는 타사 상품의 고객을 우리 회사 상품의 고객으로 끌어들일 수 있다는 효과가 있다. 최근에는 저칼로리 음료와 다이어트 식품을 구매한 고객에게 '컵누들 라이트'를 할인된 가격에 구입할 수 있는 쿠폰을 발급하기도 했다. 이는 다이어트에 민감한 여성 고객을 대상으로 한 타깃 마케팅으로, 좋은 아이디어였다고 생각한다.

우량 고객 전략은 특별 판매가로 싸게 구입하려는 불특정 다수가 아닌 평소에 인스턴트라면을 자주 구입하는 우량 고객들이 더 많이 구매하게끔 유도할 수 있다는 장점이 있다. 동시에 생산 회사로서는 저가 판매로 인한 브랜드의 가치 손상을 막을 수 있다.

닛신식품은 점포에서의 우량 고객 전략 외에 모바일을 활용한 우량 고객 전략도 추진하고 있다. 점포의 회원으로 등록한 고객들의 휴대전화나 메일에 특별 판매가 등의 정보를 보내는 것으로, 회원에게 우선적인 인센티브가 주어지는 우량 고객 우대 전략인 셈이다. 회원 고객은 계산대에서 휴대전화나 휴대 단말기를 이용하여 점원에게 할인권 화면을 보여주면 가격을 할인받을 수 있다.

점포의 계산대를 이용한 쿠폰 서비스와 모바일을 이용한 할인권 등의 우량 고객 전략은 생산 회사에만 효과적인 시스템이 아니다. 가격 경쟁이 치열한 소매점도 우량 고객을 비용을 들이지 않고 끌어안을 수 있다는 장점이 있다. 다만, 이 시스템을 운용하려면 소매점으로서는 상당히 번거롭고 경제적인 부담이 든다. 하지만 새로운 모바일 마케팅 시스템을 지속적으로 개발해, 소매점들이 생산 회사와 가치관을 공유할 수 있다면 이 시스템은 단숨에 보급될 것이다.

디플레이션 시대에 소비자는 좀 더 싼 것을 찾아 유통업체가 직접 자사 브랜드를 붙여 판매하는 상품을 집중적으로 구입하는 층과, 다소 비싸더라도 메이커 브랜드를 찾는 층으로 나뉘게 된다. 그 비율은 2 대 8 정도일 것이다.

나는 구타를 개발할 때, 소비자의 '싸지는 것을 당연시하는 현상'에서 벗어나려면 어떻게 해야 할지 고민했다. 그 결과 '비싸더라도 품질이 좋은 것, 소비자가 정말로 원하는 것'을 만드는 것이 가장 확실한 해답임을 찾아냈다.

그래서 구타의 타깃을 맛있는 것을 먹기 위해 어느 정도의 지출도 개의치 않는 성인 남성으로 잡았다. 타깃 마케팅은 그 표적에 맞추지 못하면 그대로 끝나고 만다. 상품이 고객을 선별한다는 전략이 성공하려면 구타의 브랜드 가치가 타깃의 이해를 구할 수 있어야만 한다.

그래서 영업 담당자에게 내 각오를 전했다.

"구타가 반드시 모든 소매점에 정착할 필요는 없습니다. 만약 소매점의 바이어 측에서 상품 가치를 인정해주지 않을 때는 바로 상품을 철수하세요. 상품을 진열해주는 곳에만 놓으면 됩니다. 매출 목표를 달성하기 위해 무리해서까지 밀어붙일 필요는 없습니다. 브랜드 가치를 깎아내릴 만큼의 덤핑 가격은 이쪽에서 거절하십시오."

매월 첫 주 일요일은 '구타'의 날

구타는 발매한 지 반년 만에 250만 박스, 90억 엔의 매출을 올렸다.

순조로운 출발이었다. 발매 후 2년 동안 20가지 아이템을 투입하는 풍부한 다양화 전략을 취했다. 건더기의 조합에 끊임없이 변화를 주어 연이어 신제품을 투입하는 판매 방식을 택한 것이다. 발매 3년째 가을부터는 매월 첫 주 일요일을 '구타'의 날로 정했다.

"매월 첫째 주 일요일마다 건더기가 다른 구타 신상품을 발매한다"고 공표한 것이다. TV 광고·인터넷 사이트·휴대전화 문자

메시지로도 예고했다. 예를 들면 '다음 달 첫 주의 새로운 구타는 붉은 유혹'이라는 카피로 구타 신상품과 상품 내용을 일부러 숨긴 티저 광고를 제작해 소비자의 관심을 모으고, 다음 달 첫 주 일요일이 되면 빨간색 건더기 수프의 구타 신상품을 점포에 진열하는 식이다.

편의점 책임자들은 "가격은 비싸지만 좋은 상품"이라며 대환영했다.

"신제품이 계속 나오는 것은 저희에게도 좋은 자극이 됩니다."

편의점들은 매월 새롭게 출시하는 '구타의 날' 전략에도 적극 호응해주었다. 하지만 이 때문에 브랜드 매니저와 개발 스태프는 단순히 바쁜 것이 아니라 패닉 상태에까지 이르렀다.

이런 전략을 취한 데는 두 가지 이유가 있다.

하나는, 중국에서 같은 재료를 같은 양만큼 안정적으로 확보할 수 있는가 하는 문제 때문이었다. 일본에서는 매출 동향을 예상해서 주문하는데, 발주·제조·통관·검사 과정을 거치는 데 3개월이 걸린다. 언제 상품이 부족해질지 몰라 불안했다. 정해진 수량에서 불량 및 기타 사유로 수량이 부족해지는 일이 생길지 모르는 것이다. 그래서 우선 예정한 1개월분의 재료를 확보해두고, 팔리든 팔리지 않든 그 상품은 1개월로 판매를 종료한다. 그 이후에 발매가 예정되어 있는 신제품의 재료는 1개월분씩 6개월분의 재료를 확보해두는 작업이 필요했다. 매주 영업 담당자와 개발 담당자가 머리를 맞대고 판매 수량을 예상한다. 발주량이 적으면 점포에 상품이 모자라는 사태가 생긴다. 반대로 너무 많아도 재고가 생기게 된다. 실제로 이런 상황이 반복되어 쉴 틈이 없는 나날이 계속되었다.

매월 '구타의 날'을 정한 또 다른 목적은, 상품 교체가 빠르게 진행되는 편의점의 진열대를 안정적으로 확보해 구타를 편의점에 정착시키기 위해서였다. 포스 시스템으로 매상을 관리하는 편의점들 중에는 컵라면의 경우 1주일에 열 개 이상을 팔지 못하면 퇴출 대상으로 정하는 경우가 많다. 진열대에서 밀려나면 경쟁 회사의 신제품과 교체되는 경우가 대부분이지만, 구타는 한 달이 지나면 스스로가 밀려나는 것을 자처하고, 새로운 구타와 교체된다. 매월 새로운 구타가 진열대를 차지한다는 전략인 것이다.

그렇다고 모든 구타가 1개월 동안만 판매하고 교체하는 것은 아니다. 처음에 발매한 상품들 중 '손으로 빚은 완탕면'과 삶은 달걀이 들어간 '구운 차슈 라면'은 젊은 소비자층에 큰 호응을 얻었고, 지금도 많은 인기를 누리고 있다. 이 두 상품은 정착 상품으로서 끝까지 남아 있는 점포가 많다. 여기에 매월 하나씩 신제품을 발매함으로써 편의점에 언제나 세 종류의 구타가 진열되는 상황을 만든 것이다.

구타의 성공 뒤에는 패키지 디자인도 큰 영향을 끼쳤다. 모든

상품에는 용기의 뚜껑 부분에 굵고 빨간 띠가 세로로 이어져 있다. 이 띠의 양옆에는 건더기의 사진을 시즐(sizzle) 컷으로 넣었다. 시즐은 그 제품의 핵심 포인트가 될만한 소리나 사진 등을 활용해 소비자의 오감을 자극하고 구매 의욕을 촉진시키는 광고 기법이다. 식품업계에서는 이것을 '맛있음의 표현'으로 해석하고 있다. 이런 구타 디자인은 심플하고 강인한 인상을 주어 매장에서도 눈에 잘 띄었다.

라면의 패키지 컬러는 간장이면 빨강, 된장이면 황색, 시푸드면 파랑이 업계의 상식이다. 이는 잠재적 이미지로서 소비자들의 머릿속에 스며들어 있다. 그렇기 때문에 같은 브랜드라도 다른 맛의 리뉴얼 상품을 발매할 때는 패키지의 색상 또한 변화를 주어왔다.

하지만 구타는 시즌 사진만 다를 뿐 모든 종류를 빨간 띠로 통일했다. 잠시 스쳐 지나가기만 해도 구타라는 것을 알 수는 있지만 이것이 신제품인지, 건더기가 어떤 것인지는 직접 손에 들고 보지 않는 이상 알 수가 없다. 사실은 이것을 노린 것이다. 빨간 띠가 줄지어 있으면 소비자들은 이것이 구타임을 인식한다. 소비자의 머릿속에 '빨간 띠는 구타'라고 고정된 인식이 뿌리박힌 것이다. 이는 결과적으로 편의점에 가면 언제나 구타가 있다는 이미지를 완성하게 된다.

매월 신제품이 나온다는 것을 알고 있는 고정 고객들은 상품을 손에 들고, "며칠 전에 이 구타를 먹었으니까 오늘은 구타 신제품을 먹어보자"며 같은 구타 브랜드를 선택한다. 상품의 건더기가 크게 달라지지 않더라도 소비자는 만족하는 구조인 것이다. 점포에 한 종류밖에 없다면 선택 가능성은 사라진다. 소비자를 만족시키려면 어떻게든 편의점 진열대에 공간을 확보해두어야 했다. 이것이 내가 그린 구타의 성공 방정식이었다.

구타는 발매 2년째에 아홉 가지 종류의 신제품을 투입하여 357만 박스, 128억 엔의 매출을 올리며 라오, 스파오 이후의 최대히트 상품이 되어, 닛신식품의 새로운 톱 브랜드로 자리매김했다.

브랜드는 고도의
멘탈 모델이다

세상에는 잘 팔리는 상품과 팔리지 않는 상품이 있다.

나는 이 상품은 왜 잘 팔릴까, 이 상품은 왜 팔리지 않을까 하는 블랙박스를 분석하기를 좋아한다. 특히 음식의 경우에는 습관이나 기호 등 복잡한 조건이 맞물려 있기 때문에 더욱 즐겁다.

아버지는 언제나 이렇게 말했다.

"식품은 너무 맛이 있어도 안 된다. 조금의 여운을 남겨놓는 것이 재구매로 이어진다."

여기서 이 '여운'이 어려운 부분이다. 맛있는 스테이크를 배불리 먹으면 당분간은 먹고 싶다는 생각이 들지 않게 마련이다.

레스토랑의 스테이크라면 2주일에 한 번이라도 상관없지만, 가공식품의 경우 단기간에 재구매가 이루어지지 않아 업체에게는 곤란한 상황이 된다. 가공식품은 맛도 양도 적당한 것이 좋다고 일컫는다. 배불리 먹으면 만복감이 커진다. 너무 맛있어도 만족감이 너무 커진다. 이러면 당분간 재구매는 없다. 조금 더 먹고 싶다는 생각이 들 만큼 여운을 남겨두는 것이 잘 팔리게 하는 비결이다.

컵누들을 먹고 "진짜 맛있다!"고 하는 사람은 그리 많지 않다. "언제 먹어도 그럭저럭 맛있다"에 머문다. 얼마 지나지 않아 다시 출출해지기 시작하면 또 먹고 싶어진다. 컵누들은 양과 맛에 있어 만족감과 만복감의 경계를 절묘하게 유지하고 있는 상품이라고 생각한다. 이것이야말로 세 번의 식사를 방해하는 일 없이 어디까지나 준(準)주식으로서 40년간 '컵라면의 톱 브랜드'라는 위치를 지켜올 수 있었던 이유다.

식(食)은 인간의 기호 중에서도 가장 보수적인 부분이다. '익숙한 맛' 만큼 강한 것도 없다. '어머니의 손맛'은 유년기에 형성되어 평생 동안 지워지지 않는다. 가장 보수적인 미각의 기억으로 남아 있는 것이다. 이것은 치킨라멘에도 적용된다. 나와 비슷한 나이대의 사람들에게 물어보면, 어렸을 때 먹었던 치킨라멘의 맛은 평생 동안 잊히지 않는다고 한다. 이는 태어나서 처음 먹어본 인스턴트라면이라는, 잊을 수 없는 첫 경험의 기억인 것이다.

또 이상하게도 치킨라멘은 얼마 후에는 또다시 먹고 싶어진다고 한다. 그 이유를 조사해봤더니, 원인은 그 특유의 향과 맛에 있었다. 치킨라멘 맛의 기본이 되는 것은 불에 조려졌을 때 나는 간장의 향이다. 이는 예로부터 일본 사람들 사이에 전해 내려온 '간장을 발라 구운 떡', '간장을 바른 전병', '간장을 발라 구운 주먹밥'에서 느낄 수 있는 맛과 향이다. 이것이 일본 사람들의 향수를 자극하는 '어머니의 손맛'이며, 이것이 계속 먹고 싶게 하는 이유였다.

라면 전문점들 중에는 장사가 잘되는 곳과 안 되는 곳이 있다. 장사가 잘되는 곳은 대체적으로 지저분한 곳이 많다. 깔끔한 라면 전문점보다는 간판이 오래 되고, 테이블에 기름때가 끼어 있는 집이 라면도 왠지 맛있어 보인다. 면과 수프에는 다른 가게와 다른 것이 들어가 있을 것이라는 신비감 또한 있어야 한다. 지저분함이 맛의 일부분을 차지하는 음식은 라면 외에는 없다. 그러고 보면 라면은 참 신기한 음식이다.

잘 팔리는 상품, 그것도 오랜 시간에 걸쳐 팔려온 장수 상품에는 반드시 재구매를 부르는 매력이 있다. 이것을 분석하기 시작하면 최종적으로는 인간의 뇌까지 연구하고 싶어진다.

'맛·향·색채·식감 등의 맛에 대한 정보가 뇌의 어느 부분에서 어떻게 기록되며 어떻게 재생되는가? 소비자가 특정 브랜드에 애착을 갖고 반복해서 구입하는, 브랜드에 대한 충성도는 뇌 안에서 어떻게 형성되는가? 이를 모르고는 식품사업을 할 수 없다.'

이렇게 생각한 나는 회사 내에 '뇌 연구회'를 만들어, 한 달에 한 번씩 뇌에 관한 연구 모임을 열었다. 여기까지 온 것을 보면 나도 괴짜 영역에 들어서고 있는지도 모르겠다.

뇌 연구회는, 뇌과학 분야의 최고 전문가인 도쿄대학 교수와 신경생리학과 식품공학, 조리과학 분야의 전문가들을 초청하여 '맛있음의 뇌과학'이라는 테마로 연구를 진행했다.

그 내용을 정리해보면, 뇌가 맛과 향을 판단하는 데는 생물학적 판단, 사회적 판단, 문화적 판단 등 세 가지의 단계가 있다고 한다. 살아가기 위해 필요한 먹잇감이 되는지, 몸에 독이 되는지 아니면 이익이 되는지를 느끼는 생물학적 판단은 모든 동물의 본능이다. 다음이 사회적 판단이다. 사회적 판단이란 양이 무리를 지어 생활하거나, 코끼리가 집단적으로 이동하는 행위 등에서 볼 수 있는, 집단으로 살아가는 판단이다. 그것이 인간에게는 더욱 복잡하고 수준 높은 문화적 판단으로 이어진다. 와인의 미세한 향을 식별하거나, 맛의 사소한 차이까지 감별해내는 경우가 있다. 이런 문화적 판단은 인간의 대뇌 중 2/3를 차지하는 연합령에서 이루어진다고 한다. 이 연합령은 대체적으로 30세가 되기 전에 모두 형성된다. 그동안의 학습과 경험, 먹었던 것들의 맛이 스펀지가 물을 빨아들이듯 뇌에 흡수된다고 한다.

여기서 재미있는 것은, 이 연합령은 뇌의 다양한 센서가 포착한 신호와 자극을 몇 번이고 반복하여 재해석함으로써 전혀 다른 별개의 내부 세계를 만든다는 점이다. 요즘에 흔히 말하는 가상현실 세계가 그것이다. 컴퓨터의 하드 드라이브와 같은 중추기능은 존재하지 않으면서, 뇌의 구석구석에 흩어져 있는 정보를 끌어모아 단숨에 하나의 멘탈 모델을 만드는 것이다.

'맛있음'도 하나의 멘탈 모델로, 요리의 맛과 향, 색감, 누가 만들었는지, 언제 어디서 먹었는지 등의 정보가 뇌 안에서 통합되는 개념이다. 연인과 헤어지며 먹었던 파스타의 맛은 씁쓸한 기억으로 오랫동안 남는다. 프랑스에서는 와인의 숙성 과정에서 생기는 오묘한 향을 '부케'라고 부른다. 프랑스 사람들과 독일 사람들의 향에 대한 고집은 대단해, 소믈리에와 같은 와인 프로들은 "곰팡이 냄새 속에서도 달콤한 향이 어우러진다"고 할 정도다. 그들은 종류별로 향을 분명하게 구분해내지만 일반 사람에게는 똑같은 향이 날 뿐이다.

그들의 말에 의하면, 향을 전문적으로 다루는 조향사는 한 세대만으로는 만들어지지 않는다고 한다. 향을 구분해내려면 3대가 걸린다고 한다. 할아버지가 훌륭한 미각을 가지고 있고, 그 아들이 같은 환경에서 자라고, 손자대가 되어야 비로소 그 능력이 완성된다고 한다. 그런 사람들과 와인에 대한 논쟁을 벌여본들 이길 리가 없다. 송이버섯이라면 이길 수 있을지도 모르겠다. 하지만 라면의 향이라면 나는 절대지지 않는다.

뇌는 브랜드를
어떻게 분석하는가?

뇌 연구에서 내가 가장 관심을 가진 부분은 브랜드 또는 브랜드 충성도는 인간의 머릿속에서 어떤 인자가 결합되어 만들어지는가 하는 점이었다. 이를 알 수만 있다면 고된 브랜딩 작업에 많은 도움이 될 수 있기 때문이다.

예를 들면, 프랑스의 브랜드인 루이비통 가방은 갈색 표면에 베이지색 글자 L과 V가 겹쳐진 로고 디자인으로 유명하다. 멀리서 봐도 쉽게 알아볼 수 있는 디자인이다. 젊은 여성들은 왜 그렇게 루이비통에 열광하는가? 오래전 유럽의 난파선이 인양되었을 때, 선실에서 발견된 루이비통 가방 안의 옷들이 전혀 젖어 있지 않아서인가? 비싼 물건이기 때문에 남에게 자랑하고 싶은 욕구를 채워주기 때문인가?

또한 할리데이비슨을 타던 고객은 다음에 오토바이를 구입할 때도 반드시 그 브랜드를 구입한다고 한다. 할리데이비슨은 브랜드 충성도가 높기로 유명한 제품이다. 일본에서도 퇴직한 베이비붐 세대의 압도적인 지지를 받아 최근에 할리데이비슨을 다시 구입하는 사람들이 많아졌다고 한다. 이처럼 많은 장년 남성들을 끌어들일 수 있는 브랜드 충성도의 비결은 과연 무엇일까?

여담이지만, 나는 예전에 아버지 몰래 혼다에서 만든 오토바이를 탔다. 그 오토바이는 고속도로, 시내, 산길을 모두 소화해 냈다. 그 오토바이의 영향으로, 그 후 내 머릿속에는 혼다라는 기업 브랜드가 정착되어, 언젠가 다시 한 번 오토바이를 탈 기회가 생긴다면 반드시 혼다가 만든 바로 그 오토바이를 선택할 것이다. 내게는 그것이 일생일대의 오토바이다.

"브랜드 충성도를 하나의 멘탈 모델로 보고, 그 구조를 분석하는 것은 불가능한가요?"

나는 뇌과학 전문가에게 물었다.

"그게 가능하다면 현재의 뇌과학이 안고 있는 문제의 대부분은 해결되었을 겁니다."

그가 웃으면서 말했다.

"원숭이나 고양이와는 달리, 브랜드 충성도라는 가치관이 동반된 판단은 복잡하고 수준 높은 대뇌 연합령의 기능으로, 인간만이 가능한 판단이라고 봅니다."

그렇다면 컵누들의 브랜드 이미지는 어떤 패턴으로 기억되고 있는 걸까? 이런저런 요소들을 생각해보았다.

먼저, 하얀 컵에 빨간색 글씨로 'CUP NOODLE'이라 쓰여 있는 로고. 이것이 일본 소비자들의 머릿속에 가장 먼저 들어오는 이미지일 것이다. 컵누들의 심볼 마크를 고안한 디자이너의 말에 따르면, 흰 부분의 면적과 빨간 로고 부분의 면적 비율이 일본 국기의 비율과 같다고 한다. 일본인에게는 마음이 가장 안정되는 황금 비율이라는 것이다. 그 말은 그때 처음 들었고, 들을수록 감격스러웠다.

여기까지가 내가 생각한 컵누들의 패턴 인식이었다.

그러던 어느 날, 젊은 신경생리학 의사로부터 "패턴 인식은 그런 표면적인 것뿐만이 아닙니다"라는 말을 들었다. 그 의사 역시 컵누들의 고정 고객이었다. 그는 뜨거운 물을 붓고 3분이 지난 뒤 뚜껑을 열었을 때 눈에 들어오는 내용물의 색감과 뒤따라오는 향, 이런 것들이 컵누들의 총제적 이미지라고 말해주었다.

게다가 과거의 경험 또한 반영되어, 사람에 따라서는 가난한 시절에 먹던 음식이라는 쓸쓸했던 기억이 머릿속에 자리 잡혀 있을지도 모른다. 생산업체의 입장에서는 이것은 곤란한 일이다. 이런 어두운 이미지를 떨쳐내기 위해서라도 닛신식품은 밝은 컵누들 CF를 내보내고 있다. CF 이미지 또한 컵누들의 패턴 인식을 구성하는 중요한 요소가 되었을 것이다.

소비자가 편의점에서 컵누들을 보았을 때, 짧은 시간에 이만큼의 이미지를 머릿속에 떠올리고, 만약 그것이 좋은 이미지였다면 계속해서 같은 브랜드 상품을 사주게 될 것이다.

뇌과학 전문가의 말에 의하면, 언어가 커뮤니케이션의 경제화를 이루었듯이 브랜드 역시 상징적인 정보 압축의 일종이라고 한다.

또 다른 뇌과학자는 "향과 맛, 혀에 닿는 식감과 같은 미묘한 질감을 퀼리아(qualia)라고 하며, 모두가 저마다 다른 질감을 가지고 있는데, 뇌는 그 퀼리아를 인식하고 종합하는 것이 가능하다"라는 지론을 펼쳤다.

"케이크를 먹을 때, 그 케이크의 달콤함이 직접 머릿속으로 전달되는 것이 아니라, 단지 '달다'는 신호를 보내고 있는 것에 지나지 않습니다. 단순히 두부와도 같은 뇌 안에 뉴런이 발화되고 있을 뿐입니다."

이렇게까지 명확한 분석을 듣고 나면 먹는다는 행위 자체가 무의미하게 느껴지기도 한다.

앞에서 언급한 신경생리학 의사에게 들은 이야기지만, 개구리에게도 인간과 같은 패턴 인식이 존재한다고 한다.

개구리는 연못이나 강에서 먹이를 잡기 위해 물 속에 몸을 숨긴 채 수면을 지켜보고 있다. 자신은 일체 움직이지 않고 먹잇감이 오기만을 기다리고 있는 것이다. 수면에 수평으로 떠 있는 물체가 있으면 그냥 무시한다고 한다. 잎이나 나뭇가지로 인식하기 때문이다. 그러나 수직으로 서 있는 물체가 흘러가면 비로소 입을 연다. 그 모양을 장구벌레와 같은 먹잇감이라고 인식하기 때문이다. 만약 수면에 서 있지만 휘어진 물체라면 곧바로 도망친다고 한다. 뱀이 머리를 들고 있는 모습과 닮았기 때문일 것이다.

개구리에게도 적을 피해 자신의 종족을 보존하기 위한 정보가 뇌 안에 유전자로 새겨져 있는 것이다.

'만약 이런 정보가 유전적으로 몇백 년, 몇천 년씩 전해져 내려오고 있다면 컵누들의 패턴 인식 구조를 분석해 인간의 유전자에 새겨 넣어, 별다른 광고 없이도 컵누들을 영원히 팔 수 있을지도 모르는 일이다.'

문득 이런 생각이 들었다. 이렇게 이야기하면 인권 무시라는 말을 들을 수도 있겠다. 아니, 유전자 조작으로 로마 교황에게까지 비난을 살지도 모르겠다.

브랜드의 멘탈 모델이 유전되는지 여부에 대해 뇌과학 전문가들은 부정적인 견해를 보였다.

"경험한 것이 다음 세대에 유전된다는 근거는 현 시점에서는 존재하지 않습니다. 경험 때문에 신경세포의 유전자가 뒤바뀔 수 있을지는 모르겠지만, 그것이 유전자에까지 전달되지는 않습니다."

하지만 가능성을 배제하지는 않았다.

"유전적으로 어떻게든 이동되고 있다는 것에 대한 상황 증거
는 여럿 있습니다. 인간이 뱀을 보고 공포를 느끼는 것도, 오래
전 공룡에게 괴롭힘을 당했던 기억이 남아 있기 때문이라고 합
니다. 근거는 희박하지만 말입니다."

뇌과학의 발전이 앞으로의 상품 개발과 광고에도 영향을 끼
쳐, 브랜드 마케팅의 수법을 한 단계 발전시킬 수 있는 계기가
될 수 있을지도 모른다.

지금 생각해보면 빨간 띠를 두른 구타 디자인과 상점에서의
패턴 인식을 촉진시키는 전략도 뇌 연구회의 연구 성과였다.

가장 뛰어난
브랜딩 기업으로 남고 싶다

2008년 10월, 닛신식품은 관계 회사 일곱 곳과 해외 지사 네 곳을 포함해 총 열한 개 회사를 산하에 두는 지주회사 '주식회사 닛신식품 홀딩스'로 새롭게 태어났다. 나는 최고경영자에 취임했다. 닛신식품은 그룹의 핵심 회사로 더 새롭게 시작했다.

때마침 100년에 한 번 찾아온다는 전 세계에 금융공황이 일어났다. 일본에도 그 여파로 소비가 침체되기 시작했지만 다행히 식품업계는 불황의 영향을 비교적 적게 받았다. 먹지 않으면 살 수 없기 때문이다. 그렇다고는 해도 소비자들의 위축은 상대적으로 값이 싼 인스턴트라면에 영향이 미쳐 총수요는 떨어졌다.

아버지가 닛신식품을 창업하고 꼭 반세기가 되던 해였다. 닛신식품은 치킨라멘, 컵누들에서 UFO, 돈베이, 라오, 구타로 이어지는 새로운 상품을 끊임없이 세상에 선보여왔다. 현재까지 남아 있는 상품이 있는가 하면 사라진 상품도 수없이 많다. 좋고 나쁨은 고객이 결정한다. 우리는 어떤 상황에서도 창조에 대한 열정을 잊지 않고 새로운 상품을 제안한다. 한곳에 머무를 수는 없다. 이것이 닛신식품의 기업·정신이다. 이것이 닛신식품 그룹에 반드시 남겨져야 할 가장 중요한 유전자다.

손톱이든 뇌세포든 한 사람의 유전자는 모두 똑같다. 회사를 사람의 몸으로 본다면 한 회사의 사장의 유전자와 사원의 유전자는 똑같다. 아버지는 "식(食)을 천직으로 하라!"고 말했다. 닛신식품 그룹에 들어온 이상, 사장이든 사원이든 모두 '식을 천직으로 삼는다' 는 같은 유전자를 지녀야 한다. 모두 다 똑같은 유전자이기 때문에, 앞으로는 열한 개 사업 회사의 사장들이 주인공이 되어야만 한다. 그런 생각으로, 우선 나 자신의 의식부터 개혁했다. 나는 후방 지원 부대의 대장이므로 너무 앞으로 나가지 않겠다고 다짐했다. 사장들에게는 "당신이 주인공이다"라는 사실을 재차 강조했다.

보통 지주회사는, 산하의 자회사를 지휘하고 지시하는 경우가 많다. 실제로 여러 지주회사의 조직도를 보면 지주회사가 위에 존재하고 있다. 내 생각은 그와 반대다. 나는 이익을 낳는 열한 개 회사의 사장들을 최전선에 배치했다. 나는 그 뒤에서 그들을 지탱하는 역할에 충실할 뿐이다. 물건을 만들지도 않고 영업 활동을 하는 것도 아닌 지주회사는 전선에서 싸우는 회사를 지원하는 역할을 해야 한다. 따라서 언제나 한 발 물러서서, 자회사 사장들을 지원하는 것이 회사를 위해서도 좋은 일이다. 너무 앞으로 나가서는 안 된다.

닛신식품 그룹은 브랜딩을 가장 잘하는 회사가 되고 싶다. 일본 최고의 브랜딩 컴퍼니가 되고 싶다. 세상에는 유명한 브랜드가 많고, 세계적인 기업들이 패권을 놓고 겨루고 있는 상황에서 주제넘은 말일 수도 있다. 하지만 이것이 내 솔직한 심정이다.

다시 한 번 말하지만, 가격 경쟁에 휘둘리지 않고 사업을 전개해나가려면 브랜드 파워를 지녀야만 한다. 아무리 작은 카테고리라도 좋다. 톱 브랜드가 되는 것이 최종 목표다. 소비자의 머릿속은 한 가지 분야에 한 가지 상품만 기억한다. 패션이라는 큰 분야에서는 여럿 있을지 모르지만, 가방·신발·속옷 등으로 세분화하면 작은 분류에서는 한 가지 상품만 기억한다. 소매점의 진열대를 우선적으로 차지할 수 있는 넘버원 브랜드가 되기 전에 먼저 소비자에게 '오직 그것뿐'인 브랜드가 되어야 한다.

그러기 위해서는 무엇을 해야 하는가?

"하나에 아이디어! 둘에 집념! 셋에 개발!"

이것은 아버지의 브랜드 개발 삼단논법이다.

내용은 비슷하지만, 내 표현 방식은 이렇다. 먼저 기존 패러다임을 무너뜨리는 '브레이크 스루(break through)', 즉 획기적인 제품이 있어, 누구보다 먼저 시장에 선보이는 '퍼스트 엔트리'를 이루면, '1등 브랜드'를 손에 넣게 된다.

"하나에 브레이크 스루! 둘에 퍼스트 엔트리! 셋에 1등 브랜드!"

이것이 나만의 삼단논법이다.

롱셀러가 되고 싶다면
소비자를 끌어안아라

아버지의 말 중에 "성장 한길, 정점 없음"이라는 것이 있다.

'여기까지 컸으면 이제는 됐어'는 있을 수 없다. 끝은 없다. 아버지는 끝까지 치킨라멘에 불만을 가지고 있었고, "컵누들은 미완성"이라고 말하곤 했다. 치킨라멘과 컵누들 둘 다 상당한 완성도를 자랑하는 상품인데도 불구하고 언제나 '어떻게 좀 더 안 될까?' 고민했다. 치킨라멘이 한동안 잘 팔리지 않은 시기가 있었다. '어떻게 하면 좋을까?' 그는 같은 고민을 계속했다. 열이 오를 대로 올라 그 옆에 가면 당장이라도 화상을 입을 정도였다. 옆에서 지켜보고 있으면 혼부터 나고 만다.

"너란 놈은 어째서 이렇게 태평한 거냐!"

그럴 리 없다. 나도 계속 생각하고 있었다.

지금 와서 생각해보면, 생산자가 자신이 만든 브랜드에 불만을 가지는 것, 그것이 롱셀러 상품이 되는 비결이 아닐까 싶다. 식품업계에 있어 브랜드의 최소한의 기준은 '어떤 상황에서도 안심하고 먹을 수 있는가?' 다. 치킨라멘과 컵누들도 이 기준을 지키면서 끊임없이 시대의 변화에 맞춰 개량해왔다. 오랜 기간 먹어온 열렬한 팬들은 맛이 조금만 바뀌어도 금방 알아챈다. "왜 맛을 바꿨느냐?"며 화를 낸다. 그렇기 때문에 큰 변화는 주지 않으면서도, 작은 부분에서 품질 개량을 계속하고 있다. 브랜딩이란 신제품을 브랜드로 육성하는 것뿐만이 아니라, 이미 있는 브랜드를 갈고닦아 그 상품이 존속하는 한 개선과 개량을 지속해나가는 끝이 없는 작업인 것이다.

컵누들은 2008년, 그때까지의 폴리스티렌 용기에서 종이 재질의 친환경 컵으로 전환했다. 발매 37년 만의 가장 큰 사양 변경이었다. 기존 용기는 가볍고, 손과 입에 닿는 감촉이 좋으며, 단열성이 높고, 경제성 또한 뛰어났다. 이 용기는 아버지가 고난의 시간을 거쳐 만들어낸 것으로, 그전까지 생선을 담아두는 상자로밖에는 사용되지 않던 두꺼운 폴리에틸렌을 식품 용기로 사용할 수 있을 만큼 품질을 높였다. 이후에 이 기술을 응용한 많은 제품들이 개발되었으며, 슈퍼마켓의 포장 용기로도 사용

되었다. 이를 종이 용기로 바꾼 이유는 물론 환경을 위해서였다.

석유와 같은 제한된 자원으로 만들어진 재료는 줄이고 되도록 종이와 같은 순환되는 자원을 쓰도록 하자는 취지였다. 종이는 연소 시에 이산화탄소가 발생하기는 하지만 이를 나무가 흡수하기 때문에 자연을 오염시키지 않는다. 더구나 종이 용기는 인쇄 성능도 좋았다.

그러던 그해 가을에 문제가 발생했다. 한 고객으로부터 컵누들에서 방충제 냄새가 난다는 클레임이 들어온 것이다. 때마침 같은 시기에 같은 지역에서 두 건의 클레임이 있었기에, 고의적인 사건일 가능성을 염두에 두고 경찰에 신고했다.

'컵라면에 방충제, 여성 구토!', '경찰, 관련 조사에 착수!', '닛신식품 50만 개 자체 회수!'

이것이 관련 신문 기사의 제목이었다. 주요 TV 뉴스에도 일제히 보도되었다. 컵누들 매출이 급격하게 떨어졌다. 닛신식품 식품안전연구소에서 이를 분석하고 조사한 결과, 생산 단계에서 방충제는 일절 사용되지 않았으며, 유통이나 고객의 보관 관리상에서 냄새가 뱄을 가능성 외에는 원인을 찾을 수 없었다. 그래서 곧바로 신문과 TV에 "컵누들을 방충제 옆에 놓지 말아주세요"라는 이례적인 광고를 했다. 사과가 아닌 부탁이었다. 컵누들에 냄새가 밴 것 외에는 다른 이유가 있을 수 없다는 확신이 있었다.

그 후 경찰이 고객의 자택을 조사한 결과, 양쪽 다 옷장 속의 방충제 냄새가 컵누들에 밴 것이라는 사실이 밝혀졌다.

사건은 일단락되었고, 큰 소란을 피운 매스컴은 경찰 발표 결과를 사회면 한구석에 싣는 것으로 사건을 마무리했다. 남은 것은 컵누들 판매 하락세라는 냉엄한 현실과 소비자의 불안감이었다.

이 사건 당시 닛신식품 신임 사장은, "사장이 되고 첫 번째 일이 이런 거라니……"라며 한탄하기도 했겠지만, 매우 성실한 태도로 기자들의 질문에 성실하게 대응했다. 정말 잘해주었다. 나였으면 분명 끝마무리를 이렇게 잘 하지 못했을 것이다. "소비자의 보관 상태가 잘못된 것이므로 소비자를 교육할 필요가 있다"라는 식의 발언으로 문제를 더욱 크게 만들었을지도 모른다.

냄새가 뱄기 때문이라는 결과가 나와 일단 회사의 책임은 피할 수 있었지만, 브랜드 오너로서의 책임은 남아 있었다. 어떠한 사정이 있더라도 외부에서 냄새가 들어오는 식품 용기는 존재해서는 안 되었다. 그래서 사건 이후 종이를 폴리에틸렌 소재로 코팅한 3층 구조였던 용기에 냄새의 침투를 막는 PET(폴리에틸렌 테레프탈레이트) 소재를 새롭게 첨가해 5층 구조의 용기를 만들어 방어성을 높였다.

원재료 가격은 더 올라갔다. 이는 다른 곳에서 메우는 수밖에 없었다. 아무리 컵누들이라 해도 톱 브랜드의 자리에 멈춰 만족

친환경 컵누들 용기의 5층 구조

① 폴리에틸렌수지

② PET 수지

③ 폴리에틸렌수지

④ 종이

⑤ 폴리에틸렌수지

① ② ③ ④ ⑤

하고 있을 수는 없다. 시대에 따라 변화해가야만 한다. 그것이 계속해서 롱셀러 상품에 머무를 수 있는 조건이기 때문이다.

치킨라멘은 전성기에 비하면 매출 감소가 조금씩 진행되고 있었지만, 발매 45주년인 2003년에 작은 변화가 계기가 되어 발매 이래 최고 매출을 기록했다. 아무리 롱셀러 상품이라 해도 발매 45주년에 기록을 갱신한다는 것은 드문 일일 것이다.

그 전년도부터 내보낸 CF가 발단이 되었다. 그릇에 담은 치킨라멘 위에 달걀을 하나 깨서 얹어 놓고 뜨거운 물을 붓는다. 3분 후 뚜껑을 열어보니 달걀이 면 위에 깔끔하게 고정되어 반숙 상태가 되어 있다. 모델 두 명이 그 치킨라멘을 맛있게 먹는다. 이 CF로 다른 곳에 비해 치킨라멘 판매량이 떨어졌던 간도 지방에서 판매량이 늘었다. 젊은 층에서는 신제품으로 착각하는 이들도 있었다.

하지만 얼마 지나지 않아 닛신식품 웹사이트에 항의 글이 쇄도했다. "치킨라멘 위에 날달걀을 얹으면 광고에서처럼 꼭 맞게 고정되지 않고 면 밑으로 흘러내린다"는 내용이었다. 직접해보니, 면이 조금이라도 기울어져 있으면 확실히 달걀이 잘 고정되지 못했다.

"그 CF는 가짜야!"라는 항의성 의견들이 어느새 "달걀이 밑으로 흘러내리지 않도록 면에 살짝 파인 공간을 만들어보면 어떨까요?"라는 제안으로 바뀌었다. 소비자는 정말 고마운 존재다. 달걀이 잘 고정되도록 하는 아이디어들을 보내주었다. 하지만 브랜드 매니저는 좀처럼 결단을 내리지 못했다.

나는 "새로운 시도는 많을수록 좋다. 안 되면 다시 원래대로 돌아오면 된다"는 주의다. 하지만 브랜드 매니저로서는, 치킨라멘은 창업자가 개발한 세계 최초의 인스턴트라면인 치킨라멘에 구멍을 낸다는 것은 대단한 용기가 필요했다. 그렇다고 CF에서 소비자에게 선보인 치킨라멘에 달걀을 얹어 먹는다는 새로운 스타일의 제안을 철회할 수도 없었다. 클레임의 연속이었다.

결국 브랜드 매니저는 결심하고, 아버지에게 상황을 설명해 사양을 변경해줄 것을 부탁했다. 언제나 상품에 대한 아이디어를 고민하던 아버지는 흔쾌히 승낙했다. 한번 상품에 손을 대기 시작하면 아버지의 개발 정신에도 불이 붙는다. 아버지는 이리

해라 저리 해라 하며 브랜드 매니저와 스태프에게 바쁘게 지시를 내렸다.

건조된 면에 유열로 구멍을 만드는 것은 특별한 기술이 필요하지 않다고 생각할 수도 있다. 하지만 그 공간의 크기와 깊이를 조정하는 데는 상당히 많은 시간이 든다. 이유는 달걀에 있었다. 어떤 집이든 달걀은 냉장고에 들어 있다. 이 차가운 달걀을 깊게 판 구멍에 넣으면 뜨거운 물을 붓고 3분이 지나도 달걀에 직접 닿아 있던 부분의 면 외에는 익지 않는다. 공간을 되도록 얕게 만들어, 면이 기울어 있어도 달걀이 잘 고정되도록 연구한 끝에 드디어 새로운 치킨라멘을 완성했다. 캐치프레이즈는 "치킨라멘 달걀 추가 신발매!"였다.

별도의 기술혁신을 이룬 것은 아니었다. 작은 마케팅 아이디어 하나로 이룬 것이다. 그것도 소비자의 클레임을 참고로 한 아이디어였다. 이것이 대히트로 이어졌다. 연간 590만 박스, 개수로는 1억 7,700만 개나 팔렸다. 그때까지 서일본 80퍼센트, 동일본 20퍼센트였던 매상 비율이 6 대 4가 되었다. 도쿄를 중심으로 동일본에서 새로운 시장을 개척할 수 있었다는 증거였다. 발매되고 45년 만에 이룬 쾌거였다.

한 데이터에 의하면, 소비자의 클레임을 적절하게 처리했을 때 상품의 재구매율이 80퍼센트를 넘는다고 한다. 클레임 안에는 귀중한 아이디어가 숨어 있다. '치킨라멘 달걀 포켓'의 성공으로 내게는 '고객의 클레임은 보물상자' 라는 신념이 생겼다. 그 뒤로 회사의 웹사이트에 올라온 고객들의 글은 매일 아침 나와 임원들, 브랜드 매니저 등 관계자들의 휴대전화로 전송되었다. 소비자의 귀중한 의견을 전부 확인하는 데 30분은 걸린다. 그 뒤, 바로 담당자에게 연락해 고객에게 재빨리 대응할 수 있도록 노력하고 있다.

6장

'라면의 길'은
언제나
로마로 통한다

"식품산업은 평화산업이다!"

이는 아버지의 유언과도 같은 말이자,
즐거움을 위한 먹을거리에서 생명을 위한
먹을거리까지 인류를 지키기 위한
닛신식품의 사명이다.

이익보다는 모두에게
도움되는 일을 하라

아버지는 언제나 세상 돌아가는 일에 주의를 기울였고, 나라를 걱정하는 마음이 강했다.

시력이 떨어진 후로는 신문을 볼 수 없어 항상 작은 휴대 라디오를 가지고 다녔다. 그래서 정보를 입수하는 것이 신문이나 TV보다도 빨랐다. 누구보다도 빨랐다.

이른 아침 6시 즈음에 전화가 걸려왔다.

"어디어디에 지진이 나서 피해자가 속출하고 있단다. 빨리 인스턴트라면을 보내라!"

"진짜요? 언제 일어난 일인데요?"

"넌 그런 것도 모르느냐? 방금 뉴스에 나왔지 않느냐!"

"언제 뉴스인가요?"

"5시 뉴스지!"

"TV 뉴스요?"

"라디오야!"

그런 이른 시간에 라디오 뉴스를 듣는 사람은 드물 것이다.

지진뿐만이 아니다. 화산 폭발과 태풍으로 인한 피해자들에게도 항상 먹을 것은 있는지 걱정했다. 식량 조달이 충분하지 못하다 싶으면 사원들에게 인스턴트라면을 들고 구조 활동에 임하게 했다. 1995년 1월에 일어난 한신대지진 때는 치킨라멘을 조리할 수 있는 회사 차를 파견해 수재민들에게 1만 5천 끼를 무상 제공했다. 지진 피해로 부모를 잃은 아이들에게는 장학금을 전달하기도 했다. 재해 지원은 지금까지 닛신식품의 중요한 사업 중 하나로 남아 있다.

"이익이란 결과일 뿐이며, 그것을 목적으로 삼아서는 안 된단다. 회사는 모두에게 도움되는 일을 했을 때 비로소 이익이 생기는 것이다. 이익을 우선으로 해서는 안 된다."

아버지는 항상 이렇게 말했다.

자신이 어린 시절 부모를 잃고 힘든 시절을 보내서였을까, 아버지는 어린아이들을 걱정하는 마음이 무척이나 강했다. 아이들의 성장을 위해서는 "좋은 음식과 운동이 반드시 필요하다"며,

개인 재산을 들여 닛신 스포츠 진흥재단(현 안도 스포츠 식문화 진흥재단)을 설립하기도 했다. 아이들이 운동에 전념하며 자연 체험을 통해 건강하게 자라주기를 바란다며, 초등학생을 대상으로 한 전국육상경기대회나 자연 체험 활동 등에도 온 힘을 바쳤다. 또한 음식을 알면 그 음식을 만드는 사람들에게 감사와 존경심이 생긴다며 음식에 관한 교육 활동을 전개하기도 했다. 만년에는 오사카에 인스턴트라면 기념관을 세워 아이들에게 "주위를 둘러보면 발명과 발견의 힌트가 넘쳐난다"는 것을 알려주었고, 특히 발명의 즐거움을 전하는 데 전념했다.

아버지가 돌아가셨을 때, 나는 아버지가 일구어온 회사를 이어가야 하는 것도 물론이지만 사회 공헌 활동에 열심이었던 아버지의 유지를 어떠한 형태로든 이어가야겠다고 결심했다. 그것도 단기간의 공헌이 아닌, 닛신식품 창업 50주년에 걸맞게 앞으로 50년 동안 할 수 있는 일은 무엇일까 생각했다. 그래서 시작한 것이 50년간 매년 두 개씩 모두 백 가지의 사회 공헌 활동을 실천하여 기업의 사회적 책임을 완수하는 프로젝트다. 그중 하나가 현재 케냐에서 펼치고 있는 아프리카 자립 지원 사업이다.

현재 세계의 기아 인구는 10억 명에 이른다. 그중 3억 명이 3세 이하의 갓난아기들이다. 하루 평균 2만 5,000명의 아이들이 굶어 죽어가고 있다. 이런 비참한 상황은 아시아와 아프리카에 집중되어 있고, 케냐도 예외는 아니다. 특히 케냐의 수도 나이로비를 벗어나면 궁핍한 생활을 하는 이들이 셀 수 없이 많다. 그래서 현지 대학생들에게 치킨라멘 조리법을 지도하여 경제적으로 자립할 수 있도록 지원하고 있다. 조리된 치킨라멘은 가난한 지역의 초등학교 급식으로 무상 제공하고 있다. 후에 인스턴트 라면이 케냐에 자리 잡는다면 그들의 경제적 자립에도 도움을 줄 수 있을 것이다.

아프리카 자립 지원 사업의 일환으로, 케냐의 초등학교를 방문해 치킨라멘 조리 교실과 시식회를 열었다. 케냐의 초등학교 급식은 콩과 옥수수를 넣은 수프 같은 음식이 주로 나오는데, 그 음식에는 동물성 단백질이 부족했다. 닭의 추출물이 들어간 치킨라멘을 먹어본 케냐 초등학생들은 "맛있다!"며 행복해했고, 이후 치킨라멘을 학교 급식으로 무상 지원하고 있다.

케냐 대학에 치킨라멘 연구제작소를 만들어, 그곳에 치킨라멘을 하루 1,000개 만들 수 있는 생산 라인을 기증하기도 했다. 영양을 강화하기 위해 아미노산의 일종인 리신을 첨가하고, 면을 먹는 풍습이 없는 케냐 사람들이 쉽게 먹을 수 있도록 면 길이를 10센티미터로 개량했으며, 그들이 좋아하는 짜지 않은 간장 맛을 적용했다. 제조 라인에서 일하는 케냐 사람들을 지도하는 일은 오랜 기간 닛신식품의 해외 공장장을 맡아온 퇴직 사원이 맡아주기로 했다. 공장 직원들의 관리 책임자를 공모했을 때는, 케냐로 신혼여행을 다녀와 아프리카 문화에 심취한 마케팅부 사원이 자원했다. 닛신식품 사원 한 사람 한 사람이 그곳에서 아프리카의 식문화 개선은 물론 경제 발전에 공헌하고 돌아왔으면 하는 바람이다.

기업이 가야 할 길을
자연에서 찾는다

자연 체험 활동 지도자 양성을 지원하는 '이상한 아저씨를 멋진 아저씨로 바꾸자 프로젝트'가 있다.

장난기 있는 이름이지만, 이 프로젝트가 담고 있는 내용은 매우 진지하다. 최근 일본에서는 퇴직한 베이비붐 세대가 매일 거리에 나와 할 일 없이 빈둥거리고 있는데, 이들을 흔히 '이상한 아저씨'라고 부른다. 회사에 출근하던 습관이 몸에 배어 있어 아침 일찍 집을 나오지만, 할 일이 없어 온종일 지하철 안에서 시간을 보내기도 한다. 안타까운 일이 아닐 수 없다. 이들은 40년 이상 일본 경제를 떠받쳐오며 귀중한 사회 경험을 쌓아온 사람들이다. 이들의 지식과 지혜를 다음 세대에 전수해주었으면, 그들이 '멋진 아저씨'가 되었으면 하는 바람을 이 프로젝트에 담았다.

요즘 어린아이들은 자연을 체험할 기회가 없다. 공부와 게임에 몰두하느라 집 밖에서 놀지도 않는다. 풍요로운 생활에 익숙해, 아무것도 없는 곳에 던져지면 살아남을 힘조차 없다. 그 아이들의 부모인 30대들도 밖에 나가 노는 기회가 드물었기에, 자녀와 함께 바깥에 나가도 무엇을 어떻게 해야 할지 몰라 음식점부터 찾는다. 초등학교 선생님들 중에도 자연 체험을 해보지 못한 이들이 의외로 많다.

하지만 전후에 태어나 현재 40대 중반에서 50대가 된 베이비붐 세대는 다르다. 그들은 어렸을 때 집 근처 산에서 뛰어놀고, 강에서 헤엄치며 놀던 경험이 있는 사람들이다. 자연에서 노는 즐거움과 무서움 또한 알고 있다. 이런 사람들에게 자연 체험 지도자 자격을 주어 아이들을 지도하기를 바라는 마음에 이 프로젝트를 시작했다. 우선 닛신식품 그룹의 50세 이상의 사원들을 대상으로 지도자 양성 강좌를 실시하고 있다. 이미 50여 명의 사원이 '학교 지원 리더' 자격을 취득해 휴일이면 봉사 활동에 참여하고 있다.

나 또한 베이비붐 세대 중 한 명이고 자연을 벗 삼아 자라, 이 프로젝트에 거는 기대 또한 남달랐다. 나는 1954년에 초등학교에 입학했다. 당시 학교 건물은 페인트로 새까맣게 칠해져 있었다. 전쟁 중 공습을 피하기 위해 위장한 벽이 그대로 남아 있었다. 그때 나는 학교 건물 뒤에 있는 연못가에서 놀곤 했다. 그곳에서 도롱뇽과 개구리, 거머리 등을 잡았다. 집에 돌아오면 뒷산에 올라 노느라 밤늦게 집에 돌아와 혼난 일도 적지 않았다. 화살을 만들어 친구들과 놀다가, 친구 귀에 화살이 꽂혀 안절부절못한 일도 있었다. 냇가에서 메기를 잡기도 하고, 논에 물이 잘 흐르도록 설치한 홈통을 뽑아 마을 어른들에게 혼난 적도 있었다. 새벽 두 시에 몰래 산에 올라가 사슴벌레를 수십 마리 잡기도 했다. 개구리의 뒷다리를 미끼로 잡은 가재를 집에 가져와 냄비에 쪄 먹었고, 상수리나무를 발로 힘껏 차 떨어진 도토리를 팽이처럼 돌리며 놀기도 했으며, 붕어를 잡아 구워 먹기도 했다. 봄이 되면 나물을 따다 쪄 먹기도 했다.

이런 이야기를 하는 것은 어린 시절 내가 개구쟁이였다는 사실을 자랑하려는 것이 아니다. 내 나이 또래는 대부분이 이렇게 놀며 자랐다. 그래서 나는 아무것도 없는 곳에 던져져도 살아남을 수 있는 자신감이 있다. 지금의 아이들은 그런 힘을 가지고 있지 않다. 나는 그것이 걱정스럽다. 어떻게든 우리 세대와 같은 자생력을 키워주고 싶다.

2008년부터 국가 차원에서 '어린이 농어촌 교류 프로그램'을 시행하고 있고, 나는 그 프로그램의 위원 중 한 명으로 활동하고 있다. 그 모임이 있을 때마다 나는 끈질기게 자연 체험 활동의 필요성을 역설한다. 내가 제안하는 것은, 자연 체험 수업을 초등학교 1학년부터 3학년까지의 저학년 학습 과정에 필수 과목으로 두어야 한다는 것과, 교사 면허를 취득하기 위한 과정에도 자연 체험 강습을 필수화하자는 것이다. 다른 위원들도 찬성했지만, 정부에서는 학력 향상이 우선이고, 특히 관련 지도자를 양성할 여력이 없다며 차일피일 미루고 있다. 나라에서 어렵다면 민간 차원에서라도 하는 수밖에 없다.

그래서 내가 이사장을 맡고 있는 안도 스포츠 식문화 진흥재단에서 올해 안도 모모후쿠 기념 자연 체험 활동 지도자 양성 센터를 건설했다. 이 센터에서 연간 400명의 상급 지도자를 양성하고 있다.

세계가 좋아하는 맛으로
세계와 승부하자

　최근 몇 년간 인스턴트라면의 일본 내 총수요는 55억 개에서 52억 개로 감소했다. 저출산 고령화로 인한 인구 감소를 고려하면 국내 수요의 확대는 더 이상 기대하기 힘들 것이다. 닛신식품은 2006년에 식품업계 4위였던 묘죠식품을 자회사로 흡수하면서 인스턴트라면 시장점유율이 50퍼센트에 이른다. 이 점유율 이상은 독점금지법에 위반되어 인스턴트라면 시장을 확대하기도 더 이상은 어려운 상황이다.

　한편, 전 세계 인스턴트라면의 총수요는 1,000억 개로, 일본인 한 명이 1년에 42개를 소비하는 반면, 인구 68억 명의 전 세계에서는 한 명당 15개를 소비하고 있는 셈이다. 따라서 아직 시장 확대 여지가 충분히 남아 있다.

앞으로의 사업 확대와 수익원은 해외 시장에 있다고 생각한 나는 닛신식품 그룹 이념을 'EARTH FOOD CREATOR'로 정했다. 인류의 먹을거리를 창조하는 기업이 되고자 한 것이다.

중국에서는 오향분이라는 향신료를 첨가한다. 팔각·산초·계피·진피·정향을 섞은 향신료다. 이 향이 없으면 중국인들은 먹지 않는다. 거기에 독특한 향과 쓴맛이 나는 향신료인 향채를 넣어 먹기도 한다. 일본 사람들은 향채가 들어가기만 해도 치를 떨며 싫어하지만, 중국인들에게 향채는 식사에 빠질 수 없는 향신료 중의 하나다.

한국의 베스트셀러는 김치다. 김치는 한국의 각 가정마다 맛이 전혀 다를 정도로, 한국인에게 상징적인 어머니의 손맛이라 할 수 있다. 김치는 적당한 신맛과 배추의 달콤함이 특징이며, 일본인이 걱정하는 것만큼 맵지 않다. 이런저런 연구를 해보았지만, 이 맛을 일본인들의 입맛에 맞게 재현하기가 상당히 어렵다.

태국에서는 말할 필요도 없이 톰얌쿵이 가장 인기다. 세계 3대 수프 중 하나인 톰얌쿵은 상큼한 레몬의 산미가 특징이다. 태국 현지에서 발매한 컵누들 중에서도 톰얌쿵 누들의 판매량이 압도적으로 많다.

컵누들의 세계 전략은 세계화와 지역화를 지향하는 '글로컬 전략'이다. 글로벌과 로컬을 합성한 글로컬 전략은 브랜드는 전세계적으로 전개하지만, 내용물은 각 지역의 특성을 살림으로써 그 지역의 '어머니의 손맛'을 상품에 재현하고 있다. 현재 닛신식품은 세계 10개국에 25개의 공장을 설립, 운영하고 있으며, 모두 현지법인으로 현지인을 고용하고, 현지의 원재료를 구입해, 현지에서 만들어 판매하는 것을 원칙으로 하고 있다. 물론 맛은 각국의 '어머니의 손맛'을 재현하는 데 주력하고 있다.

인스턴트라면은 면과 수프, 건더기만 있으면 완성되는 간편한 음식이지만, 조합에 따라 새로운 제품으로 개발할 수 있는 가능성이 무한하다. 어떻게 요리를 하느냐, 어떤 식재료를 넣느냐에 따라 자유자재로 선택할 수 있다. TV 프로그램 〈라면왕〉의 한 음식 평론가는 "라면은 격투기다"라고 말했다. 정말 명언이다. 대접이 링이라면, 그 안에서 면, 수프, 건더기가 싸움을 펼친다. 룰은 존재하지 않는다. 인스턴트라면이 세계 음식이 될 수 있었던 것은 각국 고유의 어머니의 손맛을 표현할 수 있는 라면의 무궁무진한 변화에 있을 것이다. 언제나 느끼지만, 라면은 참재미있는 음식이다.

치킨라멘 발매 50주년을 맞이한 2008년, 일본을 제외한 세계 6개국에서 오리지널 치킨라멘을 동시 발매했다. 전 세계 사람들에게 '세계 최초의 인스턴트라면은 치킨라멘'이라는 사실을 다시 한 번 전하고 싶었다. 오리지널이라고는 해도 수프는 닭 국물로 통일했다. 세계에는 종교적으로 금기하는 식재료들이 있다. 예를 들면 힌두교도는 소고기를 먹지 않고, 이슬람교도는 돼지고기를 먹지 않는다. 하지만 닭고기만큼은 세계 어느 나라에서도 즐겨 먹는 식재료 중 하나다. 치킨라멘은 처음부터 그런 종교적인 금기의 벽을 넘어선 상품이었다. 아버지가 치킨라멘을 개발할 당시부터 그 사실을 알고 있었는지는 알 수 없지만, 아버지는 언제나 "닭은 세계의 수프 요리에 가장 많이 사용되는 식재료여서 망설임 없이 닭으로 정했다"고 말했다. "닭고기 맛은 모든 사람들이 좋아할 것이다"라는 감이 있었던 것이다. 지금 생각해보면 그것은 실로 무시무시한 동물적인 감각이 아닐 수 없다. 이 '세계 동시 발매 치킨라멘'은 힌두교도가 많은 인도와, 이슬람교도가 90퍼센트를 넘는 인도네시아에서도 발매할 수 있었으며, 상당한 호평을 받았다.

한편, 세계에는 인스턴트라면과 거의 같은 시장 규모를 가진 면의 식문화가 존재한다. 이탈리아가 발상지인 파스타가 그것이다. 젓가락을 사용하는 문화권에서는 인스턴트라면을 보급하기가 용이했지만, 나이프와 포크를 사용하는 문화권에서는 파스타가 압도적인 지지를 받고 있다. 이 두 가지의 면이 세계 시장을 양분하고 있다 해도 과언이 아니다. 파스타, 특히 스파게티는 언젠가는 세계 시장에서 마주치게 될 상대였다.

2009년 4월, 그 치열한 전쟁의 서막이 올랐다. 닛신식품에서 인스턴트 스파게티를 발매한 것이다. 이전에 개발한 '스트레이트면'과 '전자레인지 조리면'의 기술을 응용하여 만든 상품이다. 인스턴트 스파게티는 일본은 물론 미국·독일·영국·프랑스·중국을 비롯해 세계 11개국에 동시 발매했다.

파스타 시장을 향한 도전은, "라면 전도사가 되어라"라고 한 아버지의 창업가 정신을 계승하기 위해 내가 실현해야 할 사명이기도 하다. 아직 발매 지역에 이탈리아를 포함하지 않았다. 당분간은 이탈리아 주변의 유럽 지역을 중심으로 시장 반응을 지켜보다가 시기가 되면 곧바로 이탈리아에 진입할 생각이다.

인스턴트라면 회사에서
인류의 기업으로

앞으로 식품회사가 고민해야 할 과제는 무엇일까 생각해보았다.

인터넷의 급속한 보급으로 인한 글로벌화와 정보화의 진행 속도 단축은 세상의 거리를 단숨에 좁혔다. 세상 사람들의 라이프 스타일은 빠른 속도로 변화하고 있다. 이런 상황 속에서 어떤 일들이 벌어질까? 나는 앞으로 네 가지의 사회적 대립축이 생기며, 이를 해결해야만 하는 과제에 직면할 것이라고 예상한다.

첫째, '국가와 도시'라는 전략적 타깃의 전환이 절실하다. 앞으로는 식품을 세계시장에 진출시킬 때, 판매 대상 지역을 국가와 지역이 아닌, '세계 30대 도시에 동시 발매'라는 식으로 전환해야만 할 것이다. 식문화도 글로벌화되어, 도시를 중심으로 동질화가 진행되어 가고 있다. 한 나라의 도시와 시골 간의 거리보다 각 나라의 도시와 도시 간의 거리가 짧아질 것이다. 세계에는 인구 700만 이상의 대도시가 30곳 이상이나 된다. 그곳에 사는 사람들에게 새로운 식문화를 제안한다는 전략을 세워야 한다.

여기서 중요한 점은 품질이다. 고품질 식품으로 세계 30곳 이상의 대도시에 감동을 선사해야 한다. 가능한 한 생산 회사, 도매, 소매가 삼위일체를 이루어 해외 진출을 도모하는 것이 좋다. 각각이 오랜 시간 축적해온 노하우를 한데 모아 연합체를 구축할 수 있다면 좋은 평가를 얻을 수 있다고 확신한다.

한편으로, 정보의 격차로 인해 변화에 조금 뒤처진 소도시에는 어머니의 손맛이라는 전략적인 방법으로 접근해야 할 것이다. 앞으로의 세계 전략은, 세계의 대도시를 노리는 전략과 소도시를 노리는 전략, 이 두 가지를 선택하게 될 것이다.

둘째, '기아와 포식'의 양극화에 대응해야 한다.

식량의 격차는 갈수록 더 심해지고 있다. 식자원의 불균등이라고 할 수도 있다. 잘사는 나라에서는 포식으로 인한 비만과 성인병이 늘어나고 있으므로 건강과 영양을 배려한 식품을 개발해야 한다.

식품업계에서는 유통기한 문제로 매일 엄청난 양의 식품을 폐

기처분하고 있으며, 일반 가정에서는 미처 소비하지 못한 음식들이 쓰레기통에 버려지고 있다. 그런데 유통기한이 지나도 버릴 필요가 없는 식품은 의외로 많다. 가정에서는 매 달 한 번씩 냉장고를 점검하라고 당부하고 싶다. 모든 사람들에게 '아까워하는 정신'이 미덕으로 재인식되었으면 하는 바람이다. 최근 일본에 소비자청이라는 행정기관이 발족했다. 시민생활의 안전과 신뢰를 확보하기 위해 식품회사를 감시·감독하는 기관이지만, 식품의 낭비를 줄일 수 있도록 소비자 교육에도 힘써주었으면 한다.

한편, 가난한 나라에는 싸고 영양을 보충할 수 있는 식품을 제공해야 한다. 전쟁과 재해 등으로 인해 기아에 시달리는 이들에게 구원물자를 제공하는 것만으로는 문제를 해결할 수 없다. 그들의 자립을 지원할 수 있는 구원책을 강구해야 한다. 비록 이익은 미미할지 모르나, 이는 식품회사의 사회적 책임으로서 반드시 실현해야 하는 일이라고 생각한다.

셋째, 연금에 관한 문제, 즉 '연금 수익자와 부담자 사이의 문제'를 해결해야 한다. 이는 정치적인 사안이기도 하다.

젊은 사람들은 연금에 대해 비판적인 입장을 취하고 있다. 자신이 받을 수 있을지 없을지도 모르는 연금에 돈을 넣는다는 것을 바보 같은 짓이라고 생각한다. 그래서 연금을 내지 않는 사람이 점점 늘어가고 있다. 게다가 출산율 저하로 인구가 감소하고 있다. 이 상태로는 연금제도가 존속하기 힘들다. 연금을 받는 사람들은 분명 기득권을 주장할 것이다. 하지만 적은 연금으로는 안정적인 노후 생활을 유지할 수 없기 때문에 절약을 지향하게 되고, 식비에도 많은 부담을 느끼게 될 것이다. 식품업계는 이런 연금 대상자들을 위해 값싸면서도 안전하고 영양을 충분히 고려한 식품을 개발해야 한다. 노년층에게 먹을거리는 마음의 평안을 보증하는 귀중한 즐거움이다. 이와 동시에 젊은 세대가 안심하고 연금을 낼 수 있도록 하는 제도를 개혁하는 것 역시 중요하다.

넷째, '자연사와 연명', 즉 생사에 대한 가치관의 차이에 대응할 수 있어야 한다.

제 수명대로 살고 싶은 사람은 자연사를 택할 것이며, 장기를 이식해서라도 오래 살고 싶은 사람은 연명에 힘쓸 것이다. 고령화 사회에서는 모든 사람이 언젠가는 이 선택에 직면하게 된다.

조금은 억지스러운 논리일지 모르겠으나, 자연사를 선택하는 사람은 자연식과 인공 재료가 들어가지 않은 식품을 좋아하는 사람일 것이다. 연명을 희망하는 사람은 아마도 기능성 식품과 생명 유지를 위한 보조제를 이용하는 사람들일 것이다. 식품은 이 모두에게 대응할 수 있어야 한다. 양자의 욕구를 충족시킬 수 있는 식품 개발이 필요한 것이다.

이상 네 가지 견해에 다른 의견도 있겠지만, 장래에 일어날 수 있는 일을 예상하는 것 또한 기업 경영이라고 생각한다. 인간의 건강을 유지하는 식품 개발에 확실한 방법은 없다. 두더지와 같은 집념으로 파고, 파고, 또 파면서 나아갈 뿐이다.

"식품산업은 평화산업이다!"

이것이 내 머릿속에 깊이 새겨진 아버지의 유언과도 같은 말이다.

즐거움을 위한 먹을거리에서 생명을 위한 먹을거리까지 모든 사람의 요구에 대응하며, 50년 후 지구 100억 인류의 먹을거리를 만드는 것이 닛신식품의 사명이다.

안도 고키에게 배우는
수성경영

　'컵누들'과 '치킨라멘'은 일본 사람들에게 가장 친숙한 라면 브랜드다. 치킨라멘에는 '세계 최초의 인스턴트라면'이라는 이름이, 컵누들에는 '세계 최초의 컵라면'이라는 이름이 늘 따라다닌다. 이 두 개의 브랜드는 '라면왕'으로 일컫는, 닛신식품의 창업자 안도 모모후쿠가 개발한 것으로, 닛신식품의 대표적인 상품이기도 하다.

　그런데 이처럼 일본을 대표하는 브랜드이자 세계적으로 유명한 상품을 깨부수라고 외치는 사람이 있다. 그는 닛신식품의 경쟁 회사 경영자가 아니라, 안도 모모후쿠의 아들이자 닛신식품의 2대 경영자인 안도 고키다.

더구나 그가 이 말을 한 곳은 닛신식품 사원들이 모여 있는 그의 사장 취임식장에서였다. 사장이 취임식장에서 새로운 목표를 강조하는 경우는 흔하지만, 이처럼 회사의 최고 브랜드이자 가장 큰 수익원을 깨버리자고 하는 것은 흔한 일이 아닐 뿐만 아니라 너무나 무모한 짓이었다. 그것은 혁신의 시작이었다.

창업자가 건강하게 살아 있고, 창업자가 개발한 컵누들과 치킨라멘이 여전히 회사 매출과 수익의 절반 이상을 차지하는 상황에서 안도 고키는 왜 그렇게 말했을까? 그가 사장에 오르기 몇 해 전에 그의 형이 창업자인 아버지와의 불화로 사장을 그만둔 것을 알면서도 왜 그랬을까? 이 일로 그는 창업자와 갈등이 깊어지고, 이 갈등은 창업자가 세상을 뜰 때까지 계속된다. 하지만 창업자와 2대 경영자인 안도 고키 사이의 팽팽한 긴장 관계는 오히려 닛신식품이 최고의 식품회사 자리를 지킬 수 있게 한 원동력이 되었다.

현재 전 세계적으로 판매되는 인스턴트라면과 컵라면은 연간 920억 개에 이르고, 그 시작과 중심에는 언제나 일본의 대표적인 식품회사인 닛신식품이 있다. 인스턴트라면과 컵라면은 가장 대중적인 식품이고, 그 때문에 어느 분야보다 경쟁이 치열하다. 그런 상황에서도 닛신식품은 창립 후 50년이 지난 지금까지 1위를 놓치지 않고 있다. 더구나 1위에 안주하지 않고, 한 해 300종이 넘는 인스턴트라면과 컵라면 신제품을 내놓을 뿐만 아니라 혁신적인 조직문화로 업계 최고의 경쟁력을 고수하고 있다. 이 회사의 성공을 언급할 때 빠져서는 안 될 사람이 2대 경영자인 안도 고키다.

그는 닛신식품 창업자의 둘째아들로, 24살 때부터 회사 업무를 시작했고, 회사 경영을 책임진 지 30년에 이른다. 그는 자신의 몸 어디를 잘라도 라면이 나온다고 자부할 만큼 라면에 흠뻑 빠졌고, 창업자인 아버지만큼 라면을 사랑했다. 그리고 창업자의 후계자이면서, 창업자가 세운 일본 최고의 라면회사를 세계적인 식품회사로 키운 성공 경영인이기도 하다.

안도 고키가 언급한 수성경영이란 지키는 것에 머물지 않는다. 경쟁이 치열한 상황에서 1등의 위치를 지키려면 경쟁 업체보다 한 발 앞서야 하고, 그러려면 늘 새로운 제품으로 공격해야 하며, 지속 가능한 경영 전략이 절실하다. 이런 각성과 끊임없는 제품 개발이 닛신식품을 일본의 국민 기업을 넘어 세계적인 식품회사로 자리매김하게 했다.

창업자의 집념, 그리고 그에 못지않은 2대 경영자의 열정과 1등 정신, 끊임없는 경영 혁신. 이것이 없었다면 닛신식품은 경쟁이 치열한 식품업계에서 지금까지 살아남을 수 없었을 것이다.

특히 2대 경영자인 안도 고키가 '세계 최초'라는 창업자의 업적에 안주했다면 지금과 같은 성과는 거두지 못했을 것이다.

흔히 "창업은 위대하지만, 수성(守成)은 창업보다 어렵다"고 말한다. 아무리 훌륭한 업적도 그것을 지키지 못하면 허물어지고 만다. 기업의 지속 가능한 경영 역시 수성 없이는 이룰 수 없다. 우리나라의 경제는 맨땅에 헤딩하며 성공한 기업가들의 역사에서 시작했다. 그리고 지금 그들을 이어 2, 3대 경영자들이 그들이 세운 회사를 더욱 크게 키우고 있다. 그것은 창업자의 성공을 토대로 후대 경영자들이 회사의 조직문화와 체질을 새롭고 강하게 혁신시킨 결과다. 처음에는 창업자의 그늘에 가려 겉으로 드러나지 않았던 그들의 경영 성과도 시간이 지나면서 창업자의 업적을 뛰어넘고 있다.

지키기에 급급하면 안주하게 되고, 안주하는 회사는 반드시 무너지게 마련이다. 지키려면 오히려 공격해야 한다. 그것이 결코 잊어서는 안 될 수성경영 원칙이다.

이 책은 안도 고키라는 성공한 2대 경영자의 이야기를 담고 있다. 그리고 그를 통해 기업이 치열한 생존 경쟁 속에서 살아남고, 온전하게 성장하며, 후대에까지 지속하기 위한 경영 전략과 노하우를 소개하고 있다. 아울러 이 책은 기업이 소비자들에게 사랑받기 위해서는 기업의 사회적 책임이 얼마나 중요한지 언급하고 있다.

닛신식품 2대 경영자인 안도 고키. 역자는 창업자와의 갈등 속에서도 회사를 혁신하고 마침내 세계적인 기업으로 키운 그의 이야기를 옮기며, 기업이 지속하기 위해 성장과 혁신이 얼마나 중요한지, 그리고 이를 위한 수성경영과 지속가능경영의 해법은 무엇인지 진지하게 생각해보았다.

이 책이 나오기까지 우여곡절이 적지 않았다. 그리고 많은 이들의 도움을 받았다. 길지 않은 글이지만, 확인할 것이 많아 시간을 지체했고, 그러면서 많은 이들에게 묻고 조언을 구하다 보니 더디게 진행되었다. 그리고 마침내 이 책이 모양을 갖추었다. 감사하는 마음을 모두에게 보낸다.

서돌 CEO 인사이트 시리즈

세계 시장을 제패한 숨은 1등 기업 CEO들의
경영 철학과 통찰을 담은 경영에세이 시리즈입니다.

카르마 경영

이나모리 가즈오 지음 | 김형철 옮김

일본인들이 가장 존경하는 기업가이자
'경영의 신'으로 불리는 교세라 그룹 명예회장
이나모리 가즈오의 성공 철학!

2006년 삼성경제연구소 선정_ "CEO가 휴가 때 꼭 읽어야 할 책"
2009년 매경이코노미 설문조사_ "대한민국 대표 CEO들이 가장 많이 추천한 도서"
2009년 LG그룹 CEO들이 선정한_ "휴가 기간에 임직원들이 탐독해야 할 도서"

열등생이던 중·고등학교 시절, 변변하지 못한 지방대 출신에, 취업도 안 되어 도
산 직전인 회사에 겨우 취직한 20대. 그러나 27세에 영세 전자부품 회사인 교세라
를 창업, 세계 100대 기업으로 일궈낸 사람. 그리고 마침내 거리의 탁발승으로 돌
아간, 이 시대의 진정한 기업가 이나모리 가즈오. 그가 일본에서 가장 존경받는 경
영자이자 '경영의 신'으로 불리는 이유는 무엇일까? 그가 들려주는 삶과 경영에
대한 솔직하고 감동적인 이야기를 통해 경영자가 나아가야 할 길을 되짚어본다.

현장이 답이다

다카하라 게이치로 지음 | 양준호 옮김

일본 '현장주의 경영'의 대표적 기업가이자
'일본 내 현장주의의 전도사'인
다카하라 게이치로가 들려주는 성공 지혜, 실천 노하우!

모든 문제의 답은 '현장'에 있다!

1961년 자본금 300만 엔으로 유니참을 설립해 아시아 최고의 위생용품 회사로
키운 다카하라 게이치로. 일본 경제회복의 근간으로 주목받는 '신현장주의'의
선두주자인 그가 지난 45년간 경영일선에서 기록한 700권의 현장노트를 바탕
으로, 기업이 무한경쟁시대에 살아남는 노하우를 제시한다. 경영자를 위한 경
영 지침서이자, 업무의 해법을 찾지 못해 힘들어하는 실무자들을 위한 업무 실
용서로, 기업의 전 분야에 걸쳐 '현장주의'를 핵심 경쟁력으로 삼을 것을 주장
한다.

도전하지 않으려면
일하지 마라

스즈키 도시후미 지음 | 양준호 옮김

평사원에서 일본 최대, 세계 5위의 유통업체
'세븐 앤드 아이 홀딩스' CEO가 된 스즈키 도시후미
'2004년 일본 최고 경영자'로 선정된 그가 전하는 경영 철학!

위기의 시대, 도전만이 해법이다!

평사원 시절 사내 벤처로 세븐일레븐 재팬을 창립한 후 일본 최대, 세계 5위의
유통업체 '세븐 앤드 아이 홀딩스'의 CEO에 오른 스즈키 도시후미. 수많은 위
기 속에서도 도전을 멈추지 않았으며, 상식 파괴와 발상의 전환으로 불패신화
를 이끈 그의 경영 노하우를 담았다. 경기침체와 불황이라는 맞바람 속에서도
우뚝 설 수 있는 진정한 해법을 소개한다.

경영의 원점,
이익이 없으면
회사가 아니다

이나모리 가즈오 지음 | 양준호 옮김

**일본 3대 경영의 신, 일본 CEO들이 가장 존경하는 CEO,
이나모리 가즈오와 나누는 경영 문답 16선**

기업의 생존 전략과 고수익 기업의 해법!

마쓰시타 고노스케, 혼다 소이치로와 함께 '일본 3대 경영의 신'으로 불리며, 그중 유일하게 생존해 있는 경영자 이나모리 가즈오. 윤리경영, 정도경영의 원조이자 일본에서 'CEO들이 존경하는 CEO'로 꼽히는 이나모리 가즈오가 경영인 모임 세이와주쿠에서 젊은 경영자들과 나눈 실천적인 경영기법을 담았다. 회사의 수익을 올리기 위해 꼭 필요한 세부적인 사안에서 효율적인 직원관리, 인사제도, 경영방침에 이르기까지, 회사를 고수익 기업으로 키워나가는 과정에서 대부분의 경영자들이 부딪히는 문제들에 대한 경영 기법 16가지를 소개한다.

나이테 경영,
오래 가려면
천천히 가라

츠카코시 히로시 지음 | 양영철 옮김

50여 년간 단 한 번의 적자 없이 성장하며,
업계 세계 시장점유율 1위를 제패한 강소기업 이나식품공업!
'나이테 경영'의 창시자 츠카코시 히로시가 말하는 경영 비법!

회사는 직원들의 행복을 위해 존재한다!

창업 이후 50여 년간 단 한 번의 적자 없이 성장하며 세계 시장점유율 1위를 차지한 이나식품공업의 회장 츠카코시 히로시의 경영 철학을 담았다. 직원을 행복하게 하고 사회에 공헌하는 것이 회사의 존재 이유이며, 이를 위해서는 회사가 지속적·안정적으로 성장하면서 영원히 존속하는 것이 중요하다고 믿는 그는 '나무에 한 해 한 해 나이테가 생기듯 회사도 천천히 순리에 맞게 성장해야 한다'는 '나이테 경영'을 강조한다. 성과만을 중시하는 기존 경영 시스템과는 반대의 길을 걸으면서도 지속적·안정적으로 성장하는 이나식품공업의 성공 비결을 엿볼 수 있다

왜 일하는가

이나모리 가즈오 지음 | 신정길 옮김

"일은 고역이 아니라 나를 키우는 최고의 가치다!"
일본인들이 가장 존경하는 CEO 이나모리 가즈오
일에 대한 통찰력이 그를 경영의 신으로 키웠다!

이나모리 가즈오가 당신에게 묻는다, '왜 일하는가?'

일본인들이 가장 존경하는 CEO 이나모리 가즈오. 그가 존경받는 이유는 단지 경영 실적 때문이 아니라, 일에 대한 그의 통찰력 때문이다. 그는 지방대 출신으로 도산 직전의 회사에 들어갔지만 일에 대한 집념과 간절함으로 교세라를 초일류 기업으로 키웠다. 수많은 역경과 고난을 극복하고 '살아 있는 경영의 신'으로 추앙받는 그의 일에 대한 철학과 마주하는 순간 독자들은 절실하게 깨닫게 될 것이다. 지금 자신이 하고 있는 일이 먹고살기 위해서가 아니라 '스스로를 단련하고, 삶의 가치를 발견하기 위해' 얼마나 중요한 행위인지를.

열정은
운명을 이긴다

요코우치 유이치로·고토 하야토 지음 | 이수미 옮김

일본에서 '전설의 경영자'로 불리는 요코우치 유이치로
그에게서 작지만 강한 기업의 성공 비결을 배운다!

내게 남다른 것이 있다면 세계 최고가 되겠다는 열정뿐이다!

일본에서 가장 많은 매출을 자랑하던 영농인. 그러나 산업화의 흐름을 읽고 과
감하게 악기 회사를 차린 창업가. 영어 한 마디 하지 못하면서 기타 여덟 대를
들고 미국으로 건너가 1만 대를 판 도전자. 오일쇼크와 엔화 급등으로 동종업계
가 무너지는 위기 속에서도 승승장구한 기업가. 영세한 기타 회사로 시작했지
만 마침내 유명 기타 회사들을 제치고 회사를 세계 최고로 키워낸 경영자. 후지
겐 회장인 요코우치 유이치로의 성공 과정을 다룬 이 책은 최고를 꿈꾸는 이들
에게 보내는 열정의 메시지이자 내실 있는 기업을 만들기 위해 반드시 읽어야
할 경영 지침서다.